W0034991

ro
ro
ro

Zu diesem Buch

Miteinander reden, Standpunkte austauschen, Sachverhalte erläutern, Kompromisse finden, Entscheidungen und Vereinbarungen treffen – beruflicher Alltag, der für viele Frauen heute ein wesentlicher Bestandteil ihrer Lebenswelt ist. Gleichzeitig haben sie nach wie vor Schwierigkeiten, sich im Job erfolgreich durchzusetzen und ihren Qualifikationen entsprechend anerkannt zu werden. Margit Hertlein untersucht, wie Frauen sich durch ihre – im Vergleich zu männlichen Kollegen – defensiven, auf Konsens ausgerichteten Sprechmuster gelegentlich selbst im Wege stehen. Und weil Sprache, Stimme und Atmung untrennbar zueinandergehören, zeigt sie, wie Frauen mit einfachen Tricks der eigenen Botschaft Gehör verleihen.

Die Autorin

Margit Hertlein ist Ethnologie-Diplombetriebswirtin, war lange Jahre als Geschäftsführerin eines Autohauses und dann in der Erwachsenenbildung tätig und arbeitet heute vorwiegend im Bereich Management-Seminare / Coaching. Sie berät Frauen in Fragen des Wiedereinstiegs in den Beruf oder der Existenzgründung. Außerdem gibt sie Kurse in Jazzgesang, klassischer Stimmbildung und Voice-energy.
1997 erschien *Mind Mapping – Die kreative Arbeitstechnik* (rororo 60229) im Programm des Rowohlt Taschenbuch Verlags.

Margit Hertlein

Frauen
reden anders

Selbstbewußt und
erfolgreich im Jobtalk

Rowohlt Taschenbuch Verlag

Für meine Eltern

Originalausgabe
Veröffentlicht im Rowohlt Taschenbuch
Verlag GmbH, Reinbek bei Hamburg,
Dezember 1999
Copyright © 1999 by Rowohlt Taschenbuch
Verlag GmbH, Reinbek bei Hamburg
Redaktion Katharina Naumann
Illustrationen Margit Hertlein
Umschlaggestaltung Notburga Stelzer
(Foto: Peter Schulte)
Satz Minion und Trade Gothic PostScript,
QuarkXPress 4.04
Gesamtherstellung Clausen & Bosse, Leck
Printed in Germany
ISBN 3 499 60510 4

Inhalt

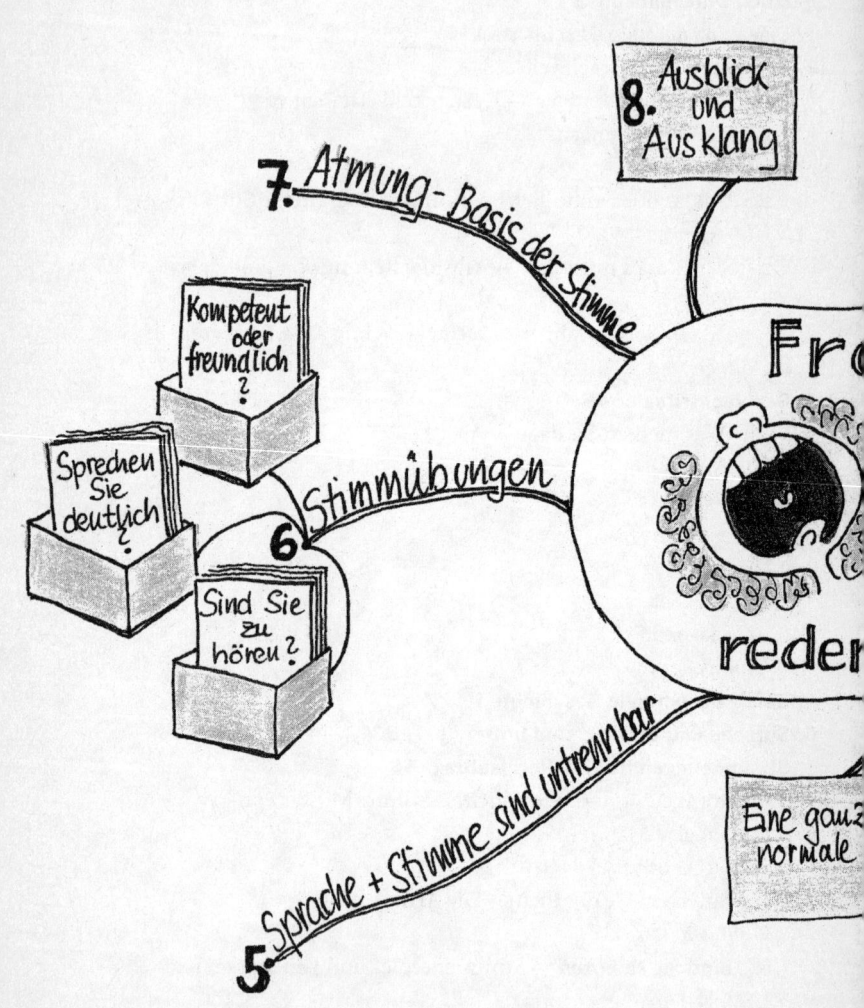

8. Ausblick und Ausklang

7. Atmung - Basis der Stimme

Kompetent oder freundlich?

Sprechen Sie deutlich?

Stimmübungen

6

Sind Sie zu hören?

Fre

reden

5. Sprache + Stimme sind untrennbar

Eine ganz normale

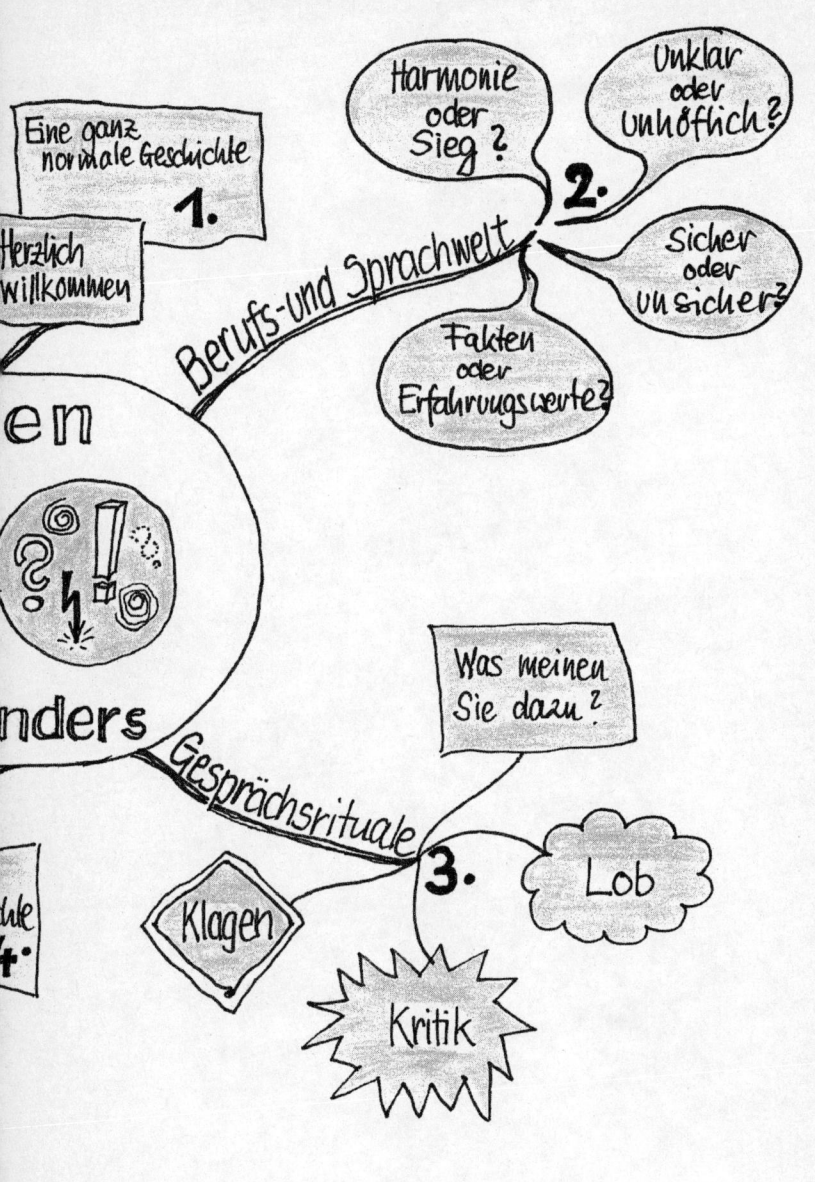

Herzlich willkommen!

Das Menschlichste, was wir haben,
ist doch die Sprache,
und wir haben sie,
um zu sprechen.

THEODOR FONTANE

Frauen und Männer haben unterschiedliche Sprechstile

Frauen reden anders – «Ja, klar», sagen die meisten, Männer wie Frauen, «das ist doch eine altbekannte Tatsache.» Die Unterschiede im Sprechverhalten werden offenbar von beiden Geschlechtern wahrgenommen, sie sind sogar wissenschaftlich nachgewiesen. Doch was genau macht den typisch weiblichen Sprechstil aus? Welche Auswirkungen hat es, daß Männer und Frauen unterschiedlich sprechen, und wie werden die beiden Sprechstile im Beruf bewertet?

Individueller Sprechstil, Körperhaltung und Stimme beeinflussen die Kommunikation

Miteinander reden, Standpunkte austauschen, Sachverhalte erläutern, Kompromisse finden, Entscheidungen und Vereinbarungen treffen – das tägliche Brot im Beruf. Aber was bekommt die andere Person eigentlich von dem mit, was ich ihr mitteilen möchte? Hat meine Sicht der Dinge im Berufsleben Gewicht? Inhalt und Sprechstil sind wesentlich, wenn ich im Geschäftsleben gehört werden will. Dazu kommt, daß in der direkten Kommunikation – von Mensch zu Mensch – Sprache ohne den Menschen, seinen individuellen Sprechstil, seine Körperhaltung, seine Stimme nicht möglich ist. Unbewußt schätzen wir unsere Mitmenschen bereits nach ihrer Stimme ein, bilden uns über ihre Kompetenz manchmal schon beim Klang der ersten Worte ein

Urteil. Die wesentlichen Informationen werden über die Stimme und den Körper transportiert. In einem Versuch hat der Amerikaner A. Mehrabian untersucht, wieviel Inhalt während eines konfliktbeladenen Gesprächs vom Zuhörer noch aufgenommen wird. Demnach ist in einer gespannten Gesprächsatmosphäre nur noch zu 7 Prozent der Gesprächsinhalt für Entscheidungen ausschlaggebend. Dagegen beeinflussen zu 38 Prozent die Stimme und zu etwa 55 Prozent die Körpersprache das Urteil des Gesprächspartners. Deshalb finden Sie im zweiten Teil des Buches Anregungen und Übungen zur Erweiterung der Fähigkeit, mit der eigenen Stimme umzugehen. Hier können Sie die ersten Schritte lernen, um ihre Stimme bewußt zu nutzen.

Wenn ich im Buch von Frauen und Männern und ihrem typischen Gesprächsverhalten spreche, handelt es sich dabei nicht um Individuen wie etwa eine konkrete Frau Huber oder einen Herrn Müller. Ich gehe in meinen Beispielen lediglich von der statistischen Wahrscheinlichkeit aus, daß sich Frauen oder Männer in bestimmten Zusammenhängen so oder so verhalten. *Die* Frau oder *den* Mann gibt es nicht, die oder der sich genau so und nicht anders in dieser Situation verhält. Um die Unterschiede aber besser deutlich zu machen, ordne ich bewußt die verschiedenen Sprachstrukturen als zwei Extrempositionen exemplarisch Männern bzw. Frauen zu.

Sprache und Sprechen stehen nicht still, sind nicht statisch, sondern verändern sich. Die Veränderungsfähigkeit der Sprache ist Ausdruck dessen, daß sich unsere inneren Bilder der Wirklichkeit ändern, eben-

Frauen und Berufstätigkeit

so, wie sich gesellschaftspolitische Gegebenheiten entwickeln. Erst Ende der 60er, Anfang der 70er Jahre begannen sich die Möglichkeiten für Frauen im Berufsleben als Voraussetzung für eine qualifizierte Berufsausbildung und Berufstätigkeit zu verbessern. Von allen Berufstätigen in Deutschland hatten

1970:

48,1 Prozent der Frauen und

71,8 Prozent der Männer eine Berufsausbildung.

1984 dagegen hatten bereits

70,4 Prozent der Frauen und

85,9 Prozent der Männer eine Berufsausbildung.

Für die Frauen des ausgehenden 20. Jahrhunderts ist die qualifizierte Berufstätigkeit eine Selbstverständlichkeit. Nur 30 Jahre davor, 1970, arbeitete lediglich knapp die Hälfte der Frauen in einem Beruf mit abgeschlossener Ausbildung. Frauen sind also innerhalb weniger Jahrzehnte in eine Männerdomäne, die Berufswelt, vorgedrungen, und heute dort ganz selbstverständlich präsent. Dennoch bleiben viele Frauen immer noch auf unteren und mittleren Positionen hängen. Die Zahl der Frauen, die ins Berufsleben starten, steht in keinem Verhältnis zu den Frauen, die ein Karriereziel oder eine verantwortliche Position erreichen. Dabei erklärte die ehrwürdige Deutsche Vereinigung zur Förderung der Weiterbildung von Führungskräften noch 1993 in vollem Ernst: «Gegen den Einsatz von Frauen in Führungspositionen können keine grundsätzlichen Einwände gemacht werden.»

Jedes soziokulturelle Umfeld bringt bestimmte Sprachregelungen hervor. So sind die Frauen nicht nur in die «Männerdomäne Berufsleben» eingedrungen, sondern müssen sich auch mit einer männlichen, «entscheidungsorientierten», direkten Sprechweise auseinandersetzen, die in Deutschland, aber auch in anglo-amerikanischen Ländern, verbreitet ist. Das birgt natürlich die Gefahr des Nichtverstehens – falls Frauen und Männer überhaupt den Wunsch haben, sich im Berufsleben zu verstehen. Die Stiftung für Forschung und Beratung am Betriebswirtschaftlichen Institut Zürich hat in ihrer 1995 veröffentlichten Studie «Frauen im Kader» festgestellt, daß «Gleichberechtigung für viele Männer nur ein Lippenbekenntnis» ist. Zwar hat sich die Einstellung von Männern gegenüber weiblichen Kollegen einerseits verbessert, andererseits jedoch verstärkt sich der Widerstand durch «innere Bilder, Rollenvorstellungen, Gewohnheiten» bei den befragten Männern. Frauen in Führungspositionen sollen widersprüchliche Rollenerwartungen von Männern erfüllen. Sie sollen zwar erfolgreich sein, aber nicht ehrgeizig erscheinen und ihre typisch weiblichen Rollen als Mutter, Vermittlerin und Klagemauer nicht verlieren.

In diesem Buch gehe ich als Arbeitshypothese davon aus, daß hinter jedem Nichtverstehen ein Nichtverstehenkönnen steht und kein mangelnder Wille oder gar Böswilligkeit. Ich bin mir natürlich darüber im klaren, daß es genug Beispiele auch dafür gäbe. Doch die Diskussion der Frage, mit welchen Techniken man solchen «Karrierestoppern» begegnet, würde den Rahmen dieses Buches sprengen.

Etliche Frauen haben sich bereits gut in den entscheidungs- und konkurrenzorientierten Sprachstrukturen zurechtgefunden. Daraus ergibt sich noch ein weiterer Aspekt. Als Beispiel dazu dienen mir Gespräche, die ich oft nach meinen Vorträgen zu diesem Thema mit den Zuhörerinnen führe: Mittlerweile erzählen immer mehr beruflich erfolgreiche Frauen von ihrer Erfahrung, daß sie fast keine Probleme damit hätten, den «männlichen» Sprechstil anzuwenden, daß es aber durchaus Probleme gibt – nicht so sehr mit den Männern in der Berufswelt, sondern mit Frauen im privaten Umfeld, die eher einen «weiblichen» Sprechstil verwenden. Sie bekämen jetzt zum Beispiel von ihren Freundinnen Vorwürfe wie «Mit dir kann man ja nicht mehr reden!» zu hören. Eine Zuhörerin meinte sogar, daß sie zukünftig wieder mehr «weiblichen» Sprechstil anwenden würde, um beiden Seiten gerecht zu werden. Es geht mir hier um die Möglichkeiten, die in beiden Sprechstilen liegen. Grundsätzlich ist jeder Stil – egal ob «weiblich» oder «männlich» – gleichwertig. Zu Mißverständnissen und Problemen kommt es nur, wenn Frauen und Männer diese Unterschiede und Bedeutungen nicht kennen oder die verschiedenen Stile als «gut» oder «schlecht» bewerten.

Der kulturelle Hintergrund beeinflußt Sprache und Sprechen

Ebenso, wie die Entwicklungen im Berufsleben die Kommunikation beeinflussen, beeinflußt auch unser kultureller Hintergrund – unser westlicher im Gegensatz zum Beispiel zum asiatischen Kulturraum – Sprache und Sprechen. Wer im Berufsleben mit anderen Kulturräumen zu tun hat und etwa Seminare zum Thema interkulturelle Kommunikation besucht, macht sich mit den Umgangsformen, Ritualen und Sprechgewohnheiten des betreffenden Kulturraums vertraut. Oft lassen sich deutsche Firmenvertreter vom westlichen «Outfit» oder Auftreten ihrer asiatischen Geschäftspartner täuschen. Doch nach wie vor leben diese mit ihren zentralen Grundwerten wie Harmoniestreben, Tradition und hierarchischer Ordnung. Und was die Stimme angeht: Eine tiefere Stimmlage ist in Asien von Vorteil, denn tiefe Stimmen werden immer im Zusammenhang mit Autorität gesehen. Im Westen hochgeschätzte Eigenschaften wie Offenheit, Direktheit oder Zwanglosigkeit gelten in Asien als unhöflich oder als Beweis einer schlechten Erziehung. Mitteilungen werden eher indirekt ausgesprochen und in Sprichwörter, Metaphern oder Geschichten gekleidet. Vom westlichen Geschäftspartner wird verlangt, diese Botschaften zu entschlüsseln. Doch wer als Mann im Berufsleben mit Frauen zu tun hat – egal ob die Frauen nun Kundinnen, Chefinnen oder Mitarbeiterinnen sind – verschwendet im Normalfall keinen Gedanken daran, sich auf den «Kulturraum Frauen» vorzubereiten. Die fehlerhafte Annahme «Wir sprechen ja alle die gleiche Sprache» verführt dazu, die Unterschiede nicht zu hören und bei Mißverständnissen mit einem enttäuschten «Frauen (oder Männer) sind halt so» zu reagieren. Dazu aber mehr in den folgenden Kapiteln.

Wege zur besseren Kommunikation zwischen Frauen und Männern

Frauen und Männer sollten bewußter mit ihrem Sprechstil umgehen können, um im Beruf und Privatleben gehört und richtig verstanden zu werden. Das Buch soll Einblicke in die verschiedenen Sprechstile und die Wirkung der Stimme geben, erklären, was den Unterschied ausmacht und welche Fallen und Chancen darin stecken. Die Wertschätzung beider Geschlechter und ihrer Sprechstile ist mir wichtig. Zahlreiche Beispiele aus dem Berufsleben schärfen den Blick für diese unterschiedlichen

Sprechmuster. Basisübungen für eine erfolgreiche Stimme ebnen den Weg zur besseren Kommunikation zwischen Frauen und Männern. Meine Hoffnung ist, daß diese Wege auch tatsächlich beschritten werden.

Dieses Buch ist für die Berufspraxis geschrieben. Daher gibt es zu jedem Kapitel entsprechende Übungen. Wenn Sie sich weiter informieren wollen, schauen Sie in die ausführliche Literaturliste im Anhang.

Zur schnellen Orientierung finden Sie am Seitenrand neben dem ausführlichen Text stets eine kurze Zusammenfassung, die auch das Nachblättern erleichtert. Im Text können Sie dann die Details zu den zentralen Aussagen entdecken.

Viel Spaß beim Lesen, Nachdenken und Üben!

> *Auch eine Reise von tausend Meilen*
> *fängt mit dem ersten Schritt an.*
> (AUS CHINA)

1. Eine ganz normale Geschichte I

Die ganze Kunst der Sprache besteht darin,
verstanden zu werden.

KONFUZIUS

«Ich habe die Stelle nicht bekommen!» Frau Meyer
stand enttäuscht vor mir im Büro, ihre Hände hielten
fest eine Mappe, der Blick war nach unten gerichtet,
die Stimme sehr leise. Ich war zu dieser Zeit Kurslei-
terin für eine kaufmännische Umschulung, und Frau
Meyer hatte mit sehr großem Erfolg daran teilge-
nommen, um endlich, mit 32 Jahren, einen Berufsab-
schluß zu erwerben. Für sie und alle anderen Frauen
im Kurs hatte das bedeutet, sich wieder auf das Lernen von Buchführung, Rechnen, Wirtschaftskunde,
Sozialkunde, EDV, Bürowirtschaft und Sekretariats-
kunde einzulassen, gleichzeitig die Bedürfnisse der
Kinder zu erfüllen und den Haushalt zu managen –
eine große Aufgabe, wenn man lange aus dem Lernen heraus ist. Frau Meyers Lernerfolge während des
Unterrichts waren sehr gut, ihre Ergebnisse lagen
immer über dem Klassendurchschnitt. Buchführung
war ihr Lieblingsfach. Die Firma, in der sie ihre prak-
tische Ausbildung absolvierte, lobte ihren Arbeits-
einsatz, ihre Gewissenhaftigkeit und ihre ruhige,
freundliche und besonnene Art. Deshalb war ich
sehr zuversichtlich, was ihre Chancen bei der Stellen-
suche betraf. Und nun hatte es mit der Stelle nicht
geklappt! Ich verstand die Welt nicht mehr, denn ich
kannte die Firma, in der sie sich bewarb, die Anfor-
derungen für die Stelle und außerdem ihre Leistungen – alles paßte hervorragend zusammen.

Was war passiert? Aus den Erzählungen von Frau Meyer wurde ich nicht schlau, deshalb griff ich zum Telefon und rief den Chef dieser Firma an, den ich recht gut kannte. Ich konnte davon ausgehen, daß er mir den tatsächlichen Grund für die Ablehnung nennen würde. Auf meine Frage, warum er Frau Meyer nicht genommen hätte, erwiderte er: «Ganz einfach, wenn ich eine Bewerberin frage, wie gut sie in Buchführung ist, und sie antwortet mir, daß sie schon viel über Buchführung gelernt hat und glaubt, daß sie darin ganz gut ist, dann heißt das bei mir im Klartext, daß sie unsicher ist, was ihre Leistungen auf diesem Gebiet betrifft, und es mit ihren Kenntnissen dann auch nicht allzuweit her sein kann. Genügt Ihnen das, Frau Hertlein?» Mir genügte es vollkommen. Mein Einwand, daß Frau Meyer sehr gute Leistungen in Theorie und Praxis habe, wurden mit einem «Dann hätte sie das auch sagen sollen» quittiert.

Dieses Telefonat war nicht nur erhellend, sondern auch einer der Beweggründe für dieses Buch. Wenn es, wie in diesem Fall, an den unterschiedlichen Sprechweisen von Frauen und Männern liegt, daß Frauen im Beruf mangelndes Selbstbewußtsein und fehlende Kompetenz bescheinigt werden, dann wird es höchste Zeit, daß sie sich dieser Unterschiede bewußter werden.

2. Berufswelt und Sprachwelt

2.1. Harmonie oder Sieg?
Das Sprechverhalten von Frauen und Männern

Jedes Kind der angelsächsischen Rasse wird so erzogen,
daß es Erster sein will. Das ist unser System.
Ein Mann wird seine Größe an dem Verlust, dem Neid
und dem Haß seiner Konkurrenten messen.

RALPH WALDO EMERSON

Trampolin und Stufen

Stellen Sie sich bitte ein Trampolin vor, in den Abmessungen so groß, daß bequem mehrere Menschen darauf Platz haben, vielleicht 4 mal 6 Meter in der Fläche. Können Sie es sehen? Wenn Sie es farbig möchten, wählen Sie eine Farbe, die Ihnen gefällt. Probieren Sie in Gedanken ruhig aus, wie das Trampolin federt, vielleicht gibt es auch Geräusche von sich, wenn Sie Schritte tun oder Sprünge wagen. Über diesem Trampolin stellen Sie sich bitte das Wort «FRAUEN» vor. Geschafft? Gut.

Nun stellen Sie sich bitte Stufen vor. Stufe 1, Stufe 2, Stufe 3. Können Sie sie sehen? Verwenden Sie auch hier eine oder mehrere Farben Ihrer Wahl. Sie können in Gedanken die Stufen einmal zur Probe hinauf- und wieder hinuntergehen. Vielleicht haben Sie dabei in Gedanken auch irgendwelche Geräusche gehört? Möglicherweise haben sich die Stufen sehr fest angefühlt? Geschafft? Sehr gut. Über diesen Stufen stellen Sie sich nun das Wort «MÄNNER» vor.

Trampolin und Stufen sind Metaphern, Bilder, die die unterschiedlichen Positionen der Sprechstile von Frauen und Männern verdeutlichen sollen.

Zu jeder Sprache gehören bestimmte Verhaltens-
muster, die wir in unserer Kultur etwa in der Familie,
im Kindergarten oder in der Schule unbewußt gelernt haben. Im Normalfall erklärt einem niemand
diese Spielregeln, sie werden über Tun, Rückmeldung der Umgebung, verändertes Tun usw. gelernt.

Frauen wollen gemocht werden, Männer wollen gewinnen

Mädchen werden gelobt, wenn sie Harmonie herstellen, beschwichtigen und auf andere Rücksicht
nehmen. Sie lernen, daß Sympathie und ein Wir-
Gefühl erstrebenswert sind. In Jungengruppen wird
gelernt, daß es innerhalb der Gruppe nicht um das
«Wir», sondern um das «Ich» geht. Gelobt werden
Jungen für Durchsetzungsvermögen, eigenen Willen
und Gewinnen. Jungen werden nach wie vor von
ihren Müttern mehr als Mädchen zum Siegen ange-
spornt. Das bedeutet natürlich nicht, daß sich Eltern
nicht auch über einen Sieg ihrer Tochter freuen. Jungen erhalten auf der anderen Seite zwar mehr Unterstützung, aber auch mehr Druck zum Siegen. Die
Klärung der Frage «Wer hat gewonnen?» spiegelt
sich dann in einer Hierarchie, einer Rangordnung,
innerhalb von Jungengruppen wider.

Folglich verknüpfen sie als Erwachsene Macht und
Einfluß mit einer hierarchischen Position und legen
deshalb auch Wert auf die Macht, die sie dadurch er-
langen. Für Frauen steht der Einfluß als solcher im
Vordergrund und nicht so sehr der Wunsch, diesen
Einfluß auch über eine übergeordnete Position auszudrücken. Einfluß ohne Machtposition funktioniert aber nur, wenn die Beziehung zwischen den Beteiligten – Vorgesetzten und Mitarbeitern – stimmt.
Die Mitarbeiter fühlen sich dann ernst genommen
und sind motiviert. Viele Aussagen von Vorgesetzten
werden akzeptiert und angenommen, nur weil die

Beziehung stimmt. Das auf dem Trampolin bevorzugte Spiel «Magst du mich?» wird gespielt, um Beziehungen zu prüfen, zu korrigieren und zu festigen. Wenn die Beziehung zu den anderen Personen auf dem Trampolin stimmt, kommt man gemeinsam gut zurecht. Die Betonung liegt dabei auf «gemeinsam». Gleichzeitig braucht das Spiel «Magst du mich?» Nähe, denn aus der Distanz kann ich nur schwer feststellen, ob mich jemand mag. Nähe auf dem Trampolin bedeutet aber, daß jede Bewegung einer anderen Person (die mir auf dem Trampolin nahe ist) mich meinerseits zu einer Bewegung veranlaßt – das haben Trampoline so an sich. Damit die Verständigung jedoch funktionieren kann, müssen sich alle Beteiligten auf das Trampolin begeben, also die Verständigungsbasis anerkennen. Sprachspiele können nur erfolgreich gespielt werden, wenn die anderen mitspielenden Personen diese Spielregeln für sich ebenfalls anwenden.

Die Wertschätzung von Leistung, Hierarchie und Rangordnung beruht auf dem männlich geprägten abendländischen Denken. Konkurrenzorientierung, der Wunsch, auf der obersten Stufe zu stehen, bedeuten in diesem Zusammenhang, ein Nullsummenspiel zu gewinnen. Mit Nullsummenspielen werden Situationen bezeichnet, in denen auf jeden Gewinner ein oder mehrere Verlierer kommen. Ein Fußballspiel kann von einer Mannschaft nur gewonnen werden, wenn die andere Mannschaft verliert. Im Krieg gibt es nur Sieger, wenn es auch Verlierer gibt. Höchstleistung heißt beim Nullsummenspiel nichts anderes, als so viele Herausforderer wie möglich – am besten alle – zu schlagen. In der Wirtschaft und in unzähligen Sätzen aus dem Sport und dem Militär spiegelt sich das Konzept des Nullsummenspiels wider. Da werden «vernichtende Werbefeldzüge geschlagen», der «Gegner vom Platz gefegt» oder neue Märkte «erobert». Von einem glücklosen Vorstand wird gesagt, daß man für ihn nicht «in den Krieg ziehen wird», und dieser sagt, «er sehe die Front genau» (Süddeutsche Zeitung vom 15. Januar 1999). Die Einstellung, mit allen Mitteln siegen, auf der obersten Stufe stehen zu wollen, kann Menschen dazu anspornen, ihr Bestes zu geben und über sich hinauszuwachsen. Werden die Stufen jedoch als ausschließliches Konzept verstanden, als der einzig mögliche Weg, drohen verheerende Folgen. Die vielbemühte Teamfähigkeit, die Mitarbeiter und Manager besitzen sollten, ist zum Beispiel in einem Nullsummenspiel nicht notwendig vorhanden. Nur wenn ein Gewinn für alle erreichbar ist, hat langfristiges Wachstum letztlich eine Chance. In Win-win-Spielen (nach Thomas Gordon) wird nach Lösungen gesucht, die für beide Seiten befriedigend und fair sind, denn alle Parteien gewinnen, keiner verliert.

Der Schweizer Psychoanalytiker Arno Gruen meint sogar, daß es vielen Chefs «... gar nicht so sehr um den Erfolg ihres Unternehmens, sondern in erster Linie um die Ausübung von Macht» geht. Wenn Sie jetzt in Gedanken zu den Stufen gehen, dann sind diese ein Symbol für das Rangordnungssprachspiel «Habe ich gewonnen?». Es ist auf dieser Seite ganz klar zu sehen, wer oben, wer weiter unten oder wer auf der untersten Stufe steht. Wer das Sagen hat, ist innerhalb der Gruppe und für Außenstehende deshalb leicht ersichtlich. Dagegen ist es sehr viel schwieriger, auf dem Trampolin mit seinen ständigen Bewegungen eine Rangordnung auszumachen.

«Mein Mann redet kaum mit mir, wenn er von der Arbeit nach Hause kommt. Ich möchte mit ihm sprechen, von meiner Arbeit, von meinem Tagesablauf erzählen, aber er will nicht. Als Begründung sagt er, daß er während der Arbeit schon genug reden muß.» Harmonie oder die Frage: «Wie harmonisch sind meine beruflichen Beziehungen?» wird im zwischenmenschlichen Kontakt von Frauen durch Gespräche geklärt. Und zwar immer wieder, denn Beziehungen können sich verändern, und diese Veränderungen versuchen Frauen durch Gespräche auszuloten. Jede Bewegung einer Person auf dem Trampolin führt zu Bewegungen anderer Personen, es ist ein ständiges Angleichen, Schwingen, Sich-aufeinander-zu-, -voneinander-weg- oder -miteinander-Bewegen. Gespräche geben Antwort auf die Frage: «Ist unser gemeinsames Trampolin noch tragfähig? Können wir damit federn? Oder hat es vielleicht Risse?» Dann muß das Trampolin wiederum durch Gespräche geflickt werden, um wieder eine harmonische Beziehung herzustellen, egal, ob die Beteiligten während der Arbeit «schon genug geredet haben».

Auf den Stufen geht es dagegen eher um die Fragen «Wer hat Respekt vor mir?», «Bin ich jetzt Sieger oder Verlierer?». Sind diese Fragen geklärt, ist ein Gespräch zur Klärung der Beziehung nicht mehr nötig. Wer weiß, auf welcher Stufe er steht, für den ist die eigene Position bestimmt. Beziehungsgespräche werden dann eher als notwendiges Übel angesehen, um mit den «Trampolinmenschen» keinen Ärger zu bekommen. Für den Mann auf den Stufen ist es da-

Frauen wollen durch Gespräche erfahren: «Wie harmonisch sind meine Beziehungen?» Männer wollen wissen: «Werde ich respektiert?»

her unverständlich, weshalb er von seinem Tag erzählen soll, ein Gespräch zur Klärung der Beziehung ist für ihn nicht ständig notwendig. Seine Position auf den Stufen steht ja fest. Wenn Frauen und Männer im Beruf zusammenarbeiten, ist der Sprechstil des Trampolins sehr erfolgreich, wenn es darum geht, Arbeit ohne Reibungsverluste zu erledigen. Wenig hilfreich ist dieser Stil jedoch, wenn Anerkennung und Status erlangt werden sollen. Frauen wie Männer kennen Situationen aus dem Berufsalltag, wenn ein anderer Anerkennung erntet, nur weil er bei jeder sich bietenden Gelegenheit, möglichst im Beisein des Chefs, erzählt, was er alles geleistet hat, obwohl er vielleicht selbst gar nichts oder nur wenig zu dieser Leistung beigetragen hat. Aber meistens sind es die Frauen, die ihre eigenen Leistungen nicht in den Vordergrund stellen, weil Status, Image und Rangordnung nicht zu ihrem bevorzugten Sprechstil gehören, und dann bei der Beförderung übergangen werden. Autorität und Führungsqualität werden auf dem Trampolin eher heruntergespielt, damit alle auf gleicher Ebene miteinander arbeiten können. Auf dem Trampolin sind alle Personen eifrig bemüht, den Anschein von Gleichheit und das Gesicht für die anderen zu wahren. Auf der Stufenseite bemühen sich die Personen dagegen, auf ihren Positionen zu bleiben bzw. eine höhere Stufe zu erreichen. Damit erhöht sich die Wahrscheinlichkeit, daß «Stufenmenschen» die bessere Stellung auch bekommen und den «Trampolinmenschen», die sich nicht gegen eine untergeordnete Position wehren, diese auch zuweisen.

Hoffnung machen jedoch Aussagen wie die des amerikanischen Trendforschers John Naisbitt: «Frauen werden immer mehr Führungspositionen gewinnen. Das geht fast nach Plan. Die Zeit arbeitet für sie. Industriell geprägte Arbeitsplätze, wo einige Leute Befehle ausgeben, andere Leute Befehle empfangen, sterben langsam aus. Die Zukunft gehört den informationsorientierten Arbeitsplätzen. Sie verlangen viel mehr Sensibilität, Frauen sind darauf mit ihrem Wesen und ihrer Sozialisation besser vorbereitet als Männer. Frauen sind viel eher in der Lage, eine Umgebung zu schaffen, in der Kreativität und Innovation blühen.»

Die Arbeitsplätze der Zukunft erfordern die Sensibilität von Frauen

Vielleicht kennen Sie diese Situation: Ein Paar sitzt im Auto, ist in einer fremden Stadt unterwegs. Beide wissen nicht genau, wo sie sind. Sie sagt: «Frag doch nach dem Weg.» Und dann entspinnt sich dieser Dialog: «Wir müssen gar nicht nach dem Weg fragen.» – «Na ja, jetzt frag doch, die Leute wohnen doch hier. Die wissen doch sicher, wo die Straße zu finden ist.» – «Hast du eine Ahnung. Gerade Leute, die hier wohnen, kennen sich am wenigsten in ihrer Stadt aus.» – «Aber wir könnten doch da vorne an der Tankstelle halten und dort fragen, die haben einen Stadtplan.» – «Also jetzt laß uns doch erst einmal fahren, und dann sehen wir schon.»

Für Männer bedeutet Fragenstellen Unwissenheit. Für Frauen ist Fragenstellen selbstverständlich

Fragenstellen ist für Frauen oft ein Zeichen von Zuneigung. Auf dem Trampolin ist es schließlich wichtig zu wissen, was in der anderen Person vorgeht. Durch Fragen ist es möglich, Nähe und Beziehung zu schaffen. Fragen im öffentlichen Rahmen, etwa die harmlose Frage nach dem Weg, bedeutet für Männer jedoch, die eigene Unwissenheit offenzulegen. Sehr

oft quittiert er ihre Aufforderung «Laß uns doch
nach dem Weg fragen» daher mit «Ich finde den Weg
schon» oder «Mein Orientierungssinn hat mich
noch nie im Stich gelassen.»

Männer, die auf einer Stufe stehen, die womöglich
noch die Aufschrift trägt: «Ich habe bisher noch alles
gewußt», befürchten, Fragen könnten ihre Position
auf den Stufen gefährden. Also fragen sie lieber gar
nicht erst und lernen mit ihrer Gefährtin gezwunge-
nermaßen die Gegend besser kennen. Auf der Trampolinseite herrscht die Einstellung vor: «Wenn ich
frage, vergebe ich mir nichts. Im Gegenteil. Vielleicht
erfahre ich nebenbei, ob mich mein Gegenüber noch
mag. Vielleicht lerne ich sogar etwas Neues.»

Typisch für Trampolin und Stufen sind auch die Reaktionen von Frauen und Männern auf meine Vorträge. Viele Männer stellen noch im geschlossen da-
sitzenden Publikum ihre Fragen. Die meisten Frauen
warten dagegen ab, bis sich die Versammlung offi-
ziell aufgelöst hat. Sie stellen dann ihre Fragen in
einem eher privaten Rahmen. Auch die Absichten,
mit denen die Fragen gestellt werden, unterscheiden
sich. Männer verwenden Fragen oft dazu, um darzustellen, wie sehr sie selbst auf dem jeweiligen Gebiet
Bescheid wissen. Damit wollen sie dem Befragten
signalisieren: «Ich stehe auf deiner Stufe.» Durch
Fragen zu provozieren und Details in Frage zu stellen
paßt in das Muster von Sieg oder Niederlage. Frauen
stellen ihre Fragen dagegen eher in der Absicht, noch
mehr über ein Thema zu erfahren, bisher nicht An-
gesprochenes oder persönliche Erfahrungen hinzu-
zufügen.

ÜBUNGEN
Was Sie konkret tun können

Nehmen Sie sich für die Analyse Ihrer Istsituation 20 Minuten Zeit. Legen Sie ein Blatt Papier und einen Stift bereit.

Die folgenden Linien sind Skalen mit zwei Extrempolen. Am einen Ende befinden sich die Stufen und am anderen Ende das Trampolin. Zwischen diesen Endpunkten gibt es auf den Skalen viele Abstufungen, so individuell und vielfältig, wie Menschen eben sind. Jede Skala steht für eine besondere Situation, zum Beispiel

- Eine lockere Unterhaltung mit einer Kollegin im Berufsalltag

Stufen ————————————————————— Trampolin

Wo würden Sie Ihren Gesprächsstil ansiedeln? Eher in der Nähe der Stufen? Wenn Sie die Stelle mit einem Kreuz markieren würden, sähe das dann so aus:

Stufen ———x——————————————————— Trampolin

Oder eher in der Nähe des Trampolins?

Stufen ————————————————x——— Trampolin

Wenn Sie Lust haben, nutzen Sie die folgenden Skalen für Ihre persönliche Bestandsaufnahme, ob Sie eher «Magst du mich?» oder «Habe ich gewonnen?» spielen. Einige Skalen sind offen; hier können Sie Ihre ganz speziellen Berufssituationen testen.

- Eine lockere Unterhaltung mit einer Kollegin im Berufsalltag:

Stufen ————————————————— **Trampolin**

- Eine lockere Unterhaltung mit einem Kollegen im Berufsalltag:

Stufen ————————————————— **Trampolin**

- Eine Teambesprechung:

Stufen ————————————————— **Trampolin**

- Ein Gespräch, bei dem Sie fachliche Fehler kritisieren:

Stufen ————————————————— **Trampolin**

- Sie bewerben sich um eine Stelle:

Stufen ————————————————— **Trampolin**

- Sie werden zu einem Gespräch, bei dem es um Beförderung geht, bei einer vorgesetzten Stelle gebeten:

Stufen ————————————————— **Trampolin**

2.2. Unklar oder unhöflich?
Indirekte und direkte Sprechmuster

Man soll dem anderen die Wahrheit
hinhalten wie einen Mantel,
in den er hineinschlüpfen kann, wenn er dazu bereit ist,
und sie ihm nicht
wie einen nassen Lappen um die Ohren schlagen.

VOLTAIRE

Der Raum ist gut geheizt, als sich Doris, Otto, Paul und Elke zur Teambesprechung einfinden. Die Kollegen besprechen die Punkte auf der Tagesordnung. Nach einer Weile sagt Doris: «Es ist ziemlich warm hier.» Otto und Paul lassen sich nicht stören, während Elke fragt: «Soll ich das Fenster öffnen?» – «Danke, ja», erwidert Doris und fügt hinzu: «Auf die Idee hätten die beiden Männer ja auch kommen können.» – «Du hättest es mir nur sagen müssen, daß ich ein Fenster öffnen soll», erwidert Paul. «Hab ich ja», sagt Doris. «Aber nein, du hast gesagt, daß es ziemlich warm hier ist, wie soll ich da wissen, daß es dir zu warm ist und ich ein Fenster öffnen soll?» Elke schaltet sich ein: «Das war doch klar, das versteht sich doch von selbst.» – «Du verstehst das vielleicht, weil du Doris schon länger kennst.» – «Ich kenne Doris so lange wie du, das ist kein Grund, du kannst dir doch denken, was sie will.» Da meldet sich Otto zu Wort: «Als wenn wir Männer jemals wüßten, was ihr tatsächlich wollt», sagt er mit sarkastischem Unterton.

Was ist passiert? Doris erwartete, daß die anderen ihre Bemerkung als indirektes Sprechmuster erken-

nen und es enträtseln: «Warum sagt Doris, daß es
warm ist? Ist das eine Feststellung? Möchte sie einen
Schluck Wasser trinken? Oder soll jemand ein Fenster öffnen?»

Indirekte Sprechmuster fordern auf: «Bitte finde
selbst heraus, was ich meine. Wenn du mir nahe bist,
wird es dir gelingen. Damit zeigst du mir, daß unsere
Beziehung gut ist.» Diese Art zu sprechen ist auf dem
Trampolin äußerst hilfreich, denn Frauen legen Wert
darauf, Beziehungen herzustellen, Nähe auszutesten
und eine harmonische Übereinstimmung zu erzie-
len. Ein weiterer Vorteil der Indirektheit ist die Ver-
meidung von Konfrontation. Wenn unterschiedliche
Meinungen nicht direkt ausgesprochen werden, haben die Gesprächspartner so die Möglichkeit, das
Gesicht zu wahren und dennoch eine gute Beziehung aufrechtzuerhalten. Wünsche oder Gedanken
können, wenn sie indirekt formuliert sind, leicht
wieder zurückgenommen werden. Diese Taktik
schützt den Sprecher und führt zu tastenden Gesprächen auf dem Trampolin, denn jeder Schritt verändert die «Oberflächenspannung».

Den Unterschied zwischen direktem und indirektem
Sprechen illustriert folgendes Beispiel: Die Abteilungsleiterin legt ihrer Sekretärin mit den Worten:
«Tun Sie mir den Gefallen, und sorgen Sie dafür, daß
dieser Brief heute noch rausgeht» einen Brief auf
den Schreibtisch. Die Sekretärin nickt und erzählt
am Abend ihrem Freund, wie angenehm die Zusammenarbeit mit der neuen Chefin ist, ganz anders als
mit ihrem alten Chef, der ihr bei solchen Gelegen-
heiten die Briefe mit den Worten «Das bringen Sie
heute noch zur Post» auf den Schreibtisch legte. Un-

höflich eben. «Wieso unhöflich», fragt ihr Freund
zurück, «dein alter Chef hat doch nur gesagt, was du
tun sollst. Und außerdem vergißt deine neue Chefin
wohl, daß sie deine Vorgesetzte ist, oder hat sie zuwenig Durchsetzungsvermögen?»

Auf dem Trampolin stehen Nähe und symmetrisches Verhalten im Vordergrund

Aufforderungen, die wie Wünsche klingen, sind ein
Merkmal des indirekten Sprechens. Von den Zuhörern wird ohne zusätzliche Hinweise erwartet, daß
sie die Botschaft verstehen und entsprechend handeln. Da auf dem Trampolin nicht Rang oder Status
im Vordergrund stehen, sondern Nähe und symmetrisches Verhalten, ist ein indirekter Sprechstil erfolgreich, wenn sich zwei Personen auf dem Trampolin
befinden. Er wird hier verstanden und erfolgreich
umgesetzt. Frauen neigen dazu, auf dem Trampolin
den Anschein von Gleichheit zu bewahren und die
Auswirkung des Gesagten auf die andere Person zu
berücksichtigen. Sie bemühen sich, die eigene Autorität herunterzuspielen, da alle auf dem Trampolin
miteinander verbunden sind. Das eigene Ziel soll
erreicht werden, ohne mit Macht und Einfluß zu
protzen. Indirekte Sprechmuster verlangen von den
Zuhörern, sich selbst Gedanken zu machen, sich in
die sprechende Person hineinzuversetzen, um zu erfahren, was genau gemeint ist. Eine ganz logische
Forderung auf dem Trampolin, denn hier wird Wert
auf Beziehungen und Nähe gelegt, und was kann
eine Beziehung besser stabilisieren als das Hineinver-
setzen in den anderen? Wer auf dem Trampolin mit
anderen «Trampolinmenschen» spricht, kann mit
Recht davon ausgehen, daß die andere Person «er-
raten» kann, was sich hinter dem Gesagten verbirgt
und welche Bedürfnisse hinter der Botschaft stehen.

Der Gewinn für alle Beteiligten ist groß. Er zeigt, wie nahe man sich ist und wie gut die Beziehung funktioniert, ohne dies direkt auszusprechen.

Wer allerdings auf dem Trampolin steht und mit einer Person spricht, die ihren Platz gegenüber auf den Stufen eingenommen hat, wird sich über deren Unvermögen wundern, die eigenen Aussagen zu verstehen. Umgekehrt stehen Personen auf den Stufen oft kopfschüttelnd indirekten Sprechmustern gegenüber und halten diese für unklar, umständlich oder manipulativ. Ein Mann würde der Abteilungsleiterin raten: «Sag doch gleich, was du willst. Als Chefin mußt du doch nicht jemand bitten, dir einen Gefallen zu tun. Es ist der Job deiner Sekretärin, die Briefe rechtzeitig zur Post zu bringen.»

Indirekte Sprechmuster werden als umständlich und unklar bewertet

Um auf den Stufen verstanden zu werden, sollten Anweisungen direkt formuliert werden. Anstelle des Satzes: «Es ist ziemlich warm hier» wäre hier der direkt formulierte Satz: «Bitte öffne das Fenster» angebracht, dann wird der Satz auch auf den Stufen richtig erfaßt.

Darüber hinaus gibt es Situationen, in denen es notwendig ist, daß eine Anweisung schnell verstanden wird. In einer Gefahrenlage oder wenn es darum geht, Zeit zu sparen und sicherzugehen, daß ein Auftrag auch tatsächlich ausgeführt wird, ist das direkte Sprechmuster angemessen. «Es ist ziemlich warm hier» als Aussage, daß Teile des Gebäudes in Flammen stehen, ist wenig sinnvoll.

Umgekehrt bewerten «Trampolinmenschen» direkte Aussagen der «Stufenmenschen» oft als unhöflich und grob. Doch direkte Sprachmuster sind im Berufsleben bisher tonangebend. In der Arbeitswelt, in der Machtpositionen traditionell von Männern besetzt sind, ist auch der männlich geprägte, direkte Sprechstil Norm. Klare und präzise Aussagen sind tatsächlich durchaus hilfreich, um Aufgaben genau so zu erledigen, wie sie geplant sind. Weniger hilfreich ist dieser Stil jedoch, wenn er zum Maßstab für die Kommunikation wird und alle anderen Beziehungsaspekte außer acht gelassen werden.

Direkte Sprechmuster werden als unhöflich und grob bewertet

Von Tom Peters, einem hochbezahlten amerikanischen Unternehmensberater, stammt der Satz: «In der zukünftigen Welt, in der wir eher Netzwerke haben werden als Hierarchien, in der Mitarbeiter mit unzähligen Leuten von außen zu tun haben werden, in der der Schwerpunkt im Aufbau von Beziehungsgeflechten liegen wird, werden Frauen besser sein als Männer, weil sie in der Tendenz weniger egozentrisch, weniger statusbesessen und beziehungsorientierter sind.»

ÜBUNGEN
Was Sie konkret tun können

Das Bewerten von Mustern als unhöflich, grob, unklar oder umständlich fällt Menschen meist leichter als das Erkennen der Muster selbst.

Gespräche von außen zu sehen, als ob Sie vollkommen neutral beobachteten, gibt Ihnen den nötigen

Abstand, Gesprächsmuster zu erkennen. Es ist der berühmte «Schritt zurück», die Sichtweise aus der Regie, das Darüberstehen oder das Zuhören als völlig neutrale Person ohne Bewertung des Geschehens. Verwenden Sie für die Übung eine konkrete Gesprächssituation, die Sie einmal aus anderer Sicht betrachten möchten.

Suchen Sie sich eine ruhige Ecke und nehmen Sie sich eine Viertelstunde Zeit. Stellen Sie sich vor, Sie säßen ganz aufmerksam in Ihrem Regiestuhl, der etwas erhöht steht. Stellen Sie sich eine Theaterbühne oder ein Filmstudio vor, das Sie gut überblicken können. Lassen Sie nun die Personen, die in dem Gespräch vorkommen, die Bühne betreten. Sie sehen die beteiligten Personen – vielleicht sind Sie ja selbst dabei – und hören mit, was diese miteinander reden. Achten Sie auf die Körperhaltung und die Bewegungen der Personen. Mit Ihren geschulten Regieohren hören Sie genau, welche Wörter verwendet werden und in welchem Ton gesprochen wird. Lassen Sie sich Zeit beim Beobachten.

Wenn Sie aus Ihrer Regieposition Muster erkannt oder neue Einsichten über die Gesprächssituation gewonnen haben, können Sie mit diesen Informationen direkt zu der jeweiligen Schauspielerin oder zu dem Akteur gehen und ihr oder ihm Tips für das nächste Gespräch geben.

Ein Tip:
Der Regiestuhl eignet sich hervorragend, um in Konfliktsituationen neue Einsichten und Handlungsmöglichkeiten zu gewinnen.

2.3. Sicher oder unsicher?
Selbstdarstellung von Frauen

Frauen geben Fehler leichter zu als Männer.
Deshalb sieht es so aus, als machten sie mehr.
GINA LOLLOBRIGIDA

«... ich glaube, daß ich ganz gut in Buchführung
bin.» Wegen dieses Satzes im Bewerbungsgespräch
wollte der Chef Frau Meyer nicht einstellen. Sie ist
zwar gut in Buchführung, schwächt aber mit einem
unsicheren «ich glaube ...» ihre eigene Überzeugung
ab.

Wer den direkten Sprechstil benutzt und auf den
Stufen Rang, Status und den Kampf um Anerkennung gewohnt ist, relativiert seine eigenen Aussagen
nicht freiwillig. Er wird seine Aussagen eher noch be-
hauptender und entschiedener formulieren, sogar
wenn die Aussage selbst nicht stimmt.

Frau Meyers tatsächliche Leistung ist dem Chef nicht
bekannt. Er kann nur aus ihren unsicheren Formulierungen Rückschlüsse auf ihre Kenntnisse ziehen.
Hätte Frau Meyer jemandem gegenübergesessen, der
ebenfalls Trampolinstil spricht, wäre sie wesentlich
besser verstanden worden und hätte vielleicht sogar
eine Chance bekommen zu zeigen, was sie kann.

Unsicherheits-
wörter erkennen
und vermeiden

Um nicht in diese Falle zu tappen, ist es sinnvoll zu
wissen, welche Wörter und Sätze unsicher wirken,
und ihre Auswirkungen im Berufsleben kennen.

«Unsicherheitswörter und -sätze», die die eigene
Aussage abschwächen, sind:

«ich denke»

«ich meine»

«ich würde gerne»

«ich könnte»

«ich weiß nicht, ob Sie damit etwas anfangen können»

«es fiel mir gerade so ein»

«das ist nur so eine Idee von mir»

«eigentlich»

«vielleicht»

«anscheinend»

«ein bißchen»

«irgendwie»

am Satzende ein fragendes «oder?» beziehungsweise «oder nicht?»

Aussagen über die eigene Person beginnen mit: «ich bin nur ...»

Doris meldet sich in der Teambesprechung mit dem Satz «Ich meine, der Umsatz würde sich im nächsten Jahr um 18 Prozent steigern lassen» zu Wort. Sie versucht ihre Aussage zu begründen, wird aber von einem Kollegen mit den Worten unterbrochen: «Umsatzsteigerungen über 10 Prozent sind unrealistisch.» Die anderen stimmen ihm zu. Er hat mit seiner Behauptung gewonnen. Doris kann ihre sorgfältig ausgearbeiteten Begründungen dafür, daß eine Umsatzsteigerung um 18 Prozent dennoch machbar sei, nicht mehr anbringen. Mit «Ich meine ...» und «würde» hat sie sich von vornherein für die Gesprächspartner auf den Stufen als unsichere Kollegin präsentiert. Ihre Erklärungen werden nicht mehr angehört.

Frauen mildern Aussagen ab, um das Gleichgewicht auf dem Trampolin nicht zu gefährden. Eine vorsichtige Ausdrucksweise hilft den Gesprächspartnern, ihr Gesicht zu wahren. Damit spielen Frauen die Sicherheit in ihren Aussagen herunter, sie zeigen ihr Wissen nicht offen, denn das wird auf dem Trampolin als Prahlerei angesehen. Auf dem Trampolin drängt man sich nicht in den Vordergrund, also werden die eigenen Aussagen abgeschwächt. Schwächen und Fehler werden um der Beziehungsbalance mit den anderen «Trampolinmenschen» willen unnötig oft zugegeben. Das führt zu einer Selbstabwertung in den Augen der «Stufenmenschen». Auch überflüssige Entschuldigungen wirken auf «Stufenmenschen» wie eine Abwertung. Beim Beschreiben des eigenen Werdegangs, etwa im Vorstellungsgespräch, werden die eigenen Leistungen mit dem Wörtchen «nur» relativiert, nicht-rollenkonformes Verhalten (starker Ehrgeiz, Führungsanspruch) gerechtfertigt und rollenkonformes Verhalten («Ich bin ein braves Mädchen») betont. Diese Formulierungen, die das Gleichgewicht auf dem Trampolin wahren sollen, bereiten den miteinander hüpfenden Personen keine Probleme. Dort ist der Sprechstil in sich schlüssig. Im Berufsleben wird dieser Stil jedoch oft nicht verstanden, hier führen klare und eindeutige Aussagen zum Erfolg. Männer, die auf den Stufen stehen, spielen ihre Zweifel herunter, hier bedeutet Selbstvertrauen Macht und Status. Um Erfolg zu haben, «das Spiel zu gewinnen», muß auf die eigene Leistung nachdrücklich aufmerksam gemacht werden. Männer formulieren deshalb bestimmter und deutlicher, auch wenn sie sich in der Sache selbst nicht sicher sind. Damit behaupten sie ihre Position auf den Stufen.

Frauen formulieren zu vorsichtig

Eigenlob stinkt – oder?

Für manche Frauen ist es ein Greuel, für sich selbst zu werben, sie stellen lieber ihr Licht unter den Scheffel, um nicht aufzufallen. In den Mädchengruppen der Kindheit gab es schließlich nur eine Belohnung, wenn man bescheiden war. Im Berufsleben ist Eigenwerbung jedoch ein entscheidender Faktor für die Karriere. «Wenn du nicht selbst an dich glaubst, warum sollten es dann andere tun?» heißt hier die Regel. Machen Sie deshalb mit sicheren Formulierungen auf Ihre Leistungen aufmerksam, und reiten Sie nicht auf Ihren eigenen Schwächen und Fehlern herum. Wenn möglich, sollten Sie das, was Sie geleistet haben, in Zahlen ausdrücken.

«Tut mir leid» und «Entschuldigung» sind Phrasen, die oft auf dem Trampolin von Frauen gebraucht werden, um Verständnis oder Anteilnahme für eine andere Person zu zeigen und die Balance auf dem Trampolin zu wahren. Entschuldigen kann ein Akt der Rücksichtnahme sein, um die andere Person der eigenen Sympathie und Nähe zu versichern. Nur selten soll mit diesem Entschuldigen die Verantwortung für einen tatsächlichen Fehler übernommen werden. Nach einer Untersuchung der Linguistin Janet Holmes äußerten Frauen gegenüber anderen Frauen die meisten Entschuldigungen, weit weniger jedoch gegenüber Männern. Männer verwenden ihrerseits sehr selten Entschuldigungsfloskeln gegenüber anderen Männern und etwas mehr gegenüber Frauen, insgesamt aber deutlich weniger als Frauen. Während alle Beteiligten auf dem Trampolin unbewußt um die tatsächliche Funktion des Entschuldigens wissen, bedeutet es für die Stufen, daß tatsächlich ein Fehler vorgelegen haben muß. Wer entschuldigt sich schon freiwillig und bringt dadurch eventuell seinen Status in Gefahr? Daß diese Verhaltensweise mit Nähe und den Beziehungen auf dem Trampolin zusammenhängt, wird von den Gesprächspartnern auf den Stufen nicht verstanden. Gefährlich wird es, wenn aus diesem Sprechmuster mangelnde Kompetenz geschlossen wird. Das kann Bewerberinnen mögliche Aufstiegschancen verbauen.

Sicherheit sicher formulieren

Es reicht eben nicht, hervorragende Arbeit zu leisten, Sie müssen auch positiv darüber reden und Ihre Leistung sichtbar machen. Sagen Sie, was Sie tatsächlich können. Wenn Sie sich Ihrer Aussage sicher sind, formulieren Sie sie auch sicher.

ÜBUNGEN
Was Sie konkret tun können

Sicheres Formulieren können Sie üben. Dazu ist es wichtig, nicht nur zu wissen, welche Wörter Ihre Aussagen abschwächen (z. B. «Das ist nur so eine Idee von mir»), sondern sich darüber klarzuwerden, wie Sie künftig sprechen wollen.

Um Ihr Ziel – sich selbst besser darzustellen – sicher zu erreichen, nehmen Sie sich bitte Papier und Stift, und formulieren Sie es. Zum Beispiel:

«Ich will in Teambesprechungen nicht mehr ‹Ich glaube ...› sagen.»

Als nächsten Schritt verwenden Sie die folgenden Kriterien, um Ihren Zielsatz zu überprüfen und gegebenenfalls zu verändern.

- Haben Sie positiv und ergebnisorientiert formuliert?

- Wenn Sie im Lokal «Keinen Kaffee, bitte» sagen, weiß niemand, was Sie statt dessen möchten. Bei beruflichen Zielen verhält es sich genauso. Das Gehirn erkennt zunächst keine Negationen. Von dem Satz «Keinen Verlust machen» speichert das Gehirn nur den Teil «Verlust machen». «Nicht ‹Ich glaube …› sagen» läßt uns unbewußt die Wörter ‹Ich glaube …› erinnern und unwillkürlich auch aussprechen. Unser Gehirn braucht einen positiv formulierten Zielsatz, in dem «nicht», «kein» usw. fehlen, um zu wissen, was es tun soll. Deshalb ist eine positive, ergebnisorientierte Zielformulierung der erste Schritt.

- Wie konkret, anschaulich und begreifbar ist Ihr Ziel?

- Je anschaulicher, aussagekräftiger und griffiger Sie Ihr Ziel formulieren, desto intensiver werden Ihre Sinnessysteme angesprochen. Eine Zielbeschreibung mit allen Sinnen – und den damit verbundenen Erfahrungen – gibt Ihnen eine feste Basis für den nächsten Schritt.

- Können Sie Ihr Ziel selbst erreichen?

- Ihr Ziel unterscheidet sich von reinem Wunschdenken dadurch, daß sie es durch Ihr eigenes Handeln wahrmachen können. Ziele, zu deren Erreichen man sich auf die Handlungen anderer Leute verlassen muß, sind wenig sinnvoll. Wenn die anderen nicht so reagieren, wie Sie wollen, sitzen Sie fest. Daß sich Kollegen ändern, gehört in den Bereich des Wunschdenkens; eigenes Sprechverhalten zu ändern ist dagegen ein Ziel.

- Ist Ihr Ziel angemessen, haben Sie geeignete Etappenziele?
- Sind Ihre Ziele den Gegebenheiten angemessen? Ist es realistisch, etwa ab sofort bei allen Teambesprechungen kein einziges «Ich glaube ...» mehr zu sagen? Bei längerfristigen Zielen ist es wichtig, sich geeignete Etappenziele zu setzen, die Ihnen helfen, das Ziel in kurzen Abständen zu überprüfen und die Motivation durch Erfolgserlebnisse aufrechtzuerhalten. Änderungen im Sprechverhalten sind solche längerfristigen Ziele. Für die nächste Teambesprechung könnten Sie etwa zunächst einmal drei wichtige Sätze vorformulieren und proben.
- Welche Hilfsmittel haben Sie bereits, und was brauchen Sie, um Ihr Ziel zu erreichen?
- Überprüfen Sie, ob Sie für Ihr Ziel Hilfe von außen brauchen. Was oder wen brauchen Sie? In unserem Beispiel benötigen Sie etwa Vorbereitungszeit für die nächste Besprechung. Was könnte schlimmstenfalls passieren, wenn diese Hilfe wegfällt? Welche Ressourcen haben Sie vielleicht schon, an die Sie bisher möglicherweise noch nicht gedacht haben?
- Welche Konsequenzen ergeben sich aus Ihrem Ziel?
- Haben Sie sich die Konsequenzen überlegt, die entstehen, wenn Sie Ihr Ziel erreicht haben? Wie werden Ihre Umgebung, Kollegen, Familie, Freunde auf ein sicheres Auftreten reagieren? Was geben Sie schlimmstenfalls auf? Was kostet Sie die Zielerreichung? Sind Sie wirklich bereit, diesen Preis zu zahlen?
- Was ist Ihr erster Schritt?

- Viele gute Vorsätze, die zum Ende des alten Jahres in der Silvesternacht gefaßt werden, scheitern. Nachweisbar erfolgreich sind diese Ziele erst dann, wenn der erste Schritt eingeplant und auch getan wurde. Kennen Sie Ihren ersten Schritt, um Aussagen, von deren Richtigkeit Sie überzeugt sind, auch sicher zu formulieren?

2.4. Fakten oder Erfahrungswerte?
Richtig argumentieren

Die Statistik ist das Märchen der Vernunft.

MARTIN KESSEL

Elke hält über ihr Fachgebiet «Computer Based Training» (computerunterstütztes Lernen) oft Vorträge vor Laien. Sie hält ihren Vortrag stets sehr lebendig, reichert ihn mit vielen Beispielen und eigenen Erfahrungen an und erntet regelmäßig positive Kritik dafür. Als sie diesen Vortrag vor einer reinen Männergruppe – ebenfalls Nichtfachleute – hält, wird ihr Vortrag als unsachlich bezeichnet. Elke kann einfach nicht verstehen, daß ein und derselbe Vortrag, der sonst so großen Anklang fand, plötzlich so schlecht beim Publikum ankommt.

Frauen argumentieren gerne mit eigenen Erfahrungen

Wer auf dem Trampolin steht, argumentiert gerne mit eigenen Erfahrungen und erzählt, wie sich diese Erfahrungen auf die eigene Person auswirken. Es geht um die Qualität der Beziehungen, deshalb werden die Gesprächspartner miteinbezogen und die eigenen Erfahrungen in Beziehung zur anderen Person gesetzt. Persönlichen Erlebnissen wird auf dem Trampolin wesentlich mehr Gewicht beigemessen als Zahlen und Fakten. Wenn es um Argumente zur Entscheidungsfindung geht, werden subjektive, persönliche und intuitive Argumente bevorzugt. Ziele werden auf der Grundlage von Überzeugungen entwickelt. Das berühmte «Fingerspitzengefühl» oder die «Entscheidung aus dem Bauch heraus» wird als Begründung angeführt.

Auf den Stufen dagegen wird versucht, objektive Entscheidungskriterien zu finden. Die Entscheidungen werden aufgrund von Analysen, Zahlen, Daten und Fakten getroffen. «Stufenmenschen» bevorzugen Klarheit, Direktheit und aufgabenbezogene Argumentation. Kreis-, Balken- oder Säulendiagramme veranschaulichen Zahlen, Daten und Fakten. Untersuchungen und Statistiken werden als schlagkräftige Argumente genutzt. Aussagen von anerkannten Fachleuten oder wissenschaftlichen Größen geben der eigenen Erklärung Gewicht.

Männer werden eher durch Zahlen und Statistiken beeindruckt

In einer umfangreichen Befragung von Managern (insgesamt 73 698, davon 24 744 Frauen), in der die Befragten aufgefordert waren, ihre Entscheidungen auf einer Skala zwischen den Polen «analytisch» und «intuitiv» zu bewerten, gaben sich die Männer bedeutend höhere Analytik-Punktwerte als die Frauen. Zwar herrschte auch bei den Managerinnen die Eigenbewertung «analytisch» vor – sonst hätten sie wohl nicht an dieser Manager-Befragung teilnehmen können. Aber die Selbsteinschätzung der Männer ergab, daß analytische Überlegungen, Zahlen, Daten und Fakten ihre Entscheidungen immerhin zu 41 Prozent mehr prägen als die der Frauen.

Vor einiger Zeit habe ich in einem Elektrogeschäft versucht, ein Diktiergerät zu kaufen. Der Verkäufer sagte: «Wir haben ein Diktiergerät für 79,– DM, eines für 99,– DM und eines für 129,– DM. Das für 129,– DM hat Tasten aus Metall. Die Geräte für 99,– und 129,– DM sind mit double speed ausgerüstet, und das Gerät für 129,– DM hat eine Buchse für ein Außenmikrofon. Ansonsten haben alle drei die gleiche Aufnahmeleistung.» Schade, daß ich zu diesem Zeitpunkt noch kein Diktiergerät besaß, um die folgende Aufzählung von Daten und Fakten aufzunehmen. «Schön», sagte ich, «ich möchte Ihnen aber gerne sagen, wozu ich das Diktiergerät eigentlich brauche. Von Ihnen benötige ich ein paar Erfahrungswerte und eine Empfehlung.» Sofort begann er wieder mit seiner Aufzählung, noch mehr Zahlen, Daten und Fakten. Gekauft habe ich in diesem Geschäft nichts.

Zahlen, Daten und Fakten im Verkaufsgespräch

In Verkaufsgesprächen geht es darum, passende Argumente für die Kundin oder den Kunden zu finden. Es geht um die treffende Mischung, denn eine «richtige» Argumentation gibt es nicht. Fatalerweise führen aber viele Menschen das Verkaufsgespräch nur aus ihrer Weltsicht heraus. Für «Trampolinmenschen» ist es völlig logisch, in das Gespräch die eigene Erfahrung einfließen zu lassen. Wer auf den Stufen steht, geht dagegen vielleicht ganz selbstverständlich davon aus, daß sich die Kunden um Zahlen, Daten und Fakten nur so reißen. Verkaufen bedeutet jedoch, sich auf das einzustellen, was das Gegenüber möchte. In einer Warenwelt, in der sich die Produkte kaum mehr unterscheiden, sind Service und Kundenbeziehung oft der entscheidende Faktor beim

Verkaufen. Wer Produkt- und Beziehungsnutzen kombiniert, verkauft erfolgreich. Die Fähigkeit, zu den Kunden eine haltbare und vertrauensvolle Beziehung aufzubauen, ist – zusätzlich zum Fachwissen – entscheidend für die Verkaufsergebnisse. Schließlich wechselt jemand, der nur wegen eines Preisvorteils ein vergleichbares Produkt kauft, auch wegen eines neuen Preisvorteils schnell das Geschäft. Umgekehrt bleiben Kunden «ihrem» Geschäft länger treu, wenn eine tragfähige Beziehung zum Verkaufspersonal besteht, auch wenn es anderswo einen geringen Preisvorteil gibt.

Persönliche Erfahrungen und Nutzenargumente im Verkaufsgespräch

Einer Kundin, die auf dem Trampolin steht, genügt es deshalb oft nicht, nur wunderschöne Grafiken, Tabellen, wissenschaftliche Auswertungen und einen Berg von Zahlen, Daten und Fakten als Argumente geliefert zu bekommen. Was sie braucht, sind persönliche Empfehlungen und eine Beratung, die die Beziehung zwischen der Verkaufsperson und ihr in den Vordergrund rückt.

Umgekehrt lassen Erfahrungswerte und Beispiele «Stufenmenschen» oft unbefriedigt. Hier ist es wichtig, Fakten, Statistiken und Stellungnahmen von Experten in die Argumentation einzubauen. Für den Berufsalltag und alle, die bevorzugt von ihren persönlichen Erfahrungen erzählen möchten, heißt das: Verbinden Sie das nächste Mal Argumente, die Ihren Erfahrungen entsprechen, mit Zahlen, Daten und Fakten, mit Diagrammen und Statistiken.

Bei meinem gescheiterten Versuch, ein Diktiergerät zu kaufen, hätte der Verkäufer Erfolg gehabt, wenn er gefragt hätte: «Für welchen Zweck brauchen Sie es denn? Wo genau wollen Sie es einsetzen? Wie genau wollen Sie es verwenden?»

Nachfragen bedeutet für die Trampolinseite, Interesse am Menschen zu haben und eine Beziehung aufzubauen, für die Stufenseite jedoch Unwissenheit und Statusverlust («Das müßte ich als Verkäufer doch wissen»). Hinzu kommt, daß auf den Stufen Verkaufen oft als Sieg- oder Niederlagespiel angesehen wird. Es geht dann nur noch um die Frage, ob der Verkäufer oder der Käufer gewonnen hat, besonders bei Preisverhandlungen. Wenn der Verkäufer gewinnt, hat er vielleicht «den Kunden bei den Konditionen geschlagen», umgekehrt erzählen Kunden stolz, wie «gerissen sie den Verkäufer abgezockt haben». Im modernen Verkaufstraining wird von einem Win-win-Spiel ausgegangen, in dem der Kunde weder Opfer noch König, sondern wichtiger Bestandteil einer tragfähigen Beziehung ist.

Fragen sind deshalb ein unvergleichlich wichtiges Werkzeug im Verkauf, denn sie ermöglichen es, die Wünsche und Bedenken des Kunden zu erkennen und darauf zu reagieren.

Wer Personen auf dem Trampolin etwas verkaufen möchte, sollte in seinen Fragen auf den konkreten Nutzen für den Menschen eingehen und zum Beispiel Hilfestellung bei eventuell auftretenden Problemen anbieten. Der Stufenseite werden am besten Preise, Liefer- und Zahlungstermine angeboten. Hier sollte gefragt werden, ob das vorliegende Zahlenmaterial ausreichend ist.

Die ehemalige Telekom-Gleichstellungsbeauftragte, Heli Ihlefeld-Bolesch, meint dazu: «Frauen geben der Technik neue Impulse, sie gehen an Technik anders heran, weil sie nutzen- und beziehungsorientierter sind.» Während Männer einem Kunden gern möglichst die neueste, oft überflüssige Technik aufschwatzen, fragen Frauen, was der Kunde wirklich braucht.

ÜBUNGEN
Was Sie konkret tun können

Ob es sich um Verkaufsgespräche, Einzelgespräche mit Mitarbeitern, Bewerbungs- oder Beurteilungsgespräche handelt – bei allen ist die Vorbereitung ein wichtiger Schritt zum Erfolg.

Nehmen Sie sich daher bei Gesprächen, die für Sie wichtig sind, genügend Zeit zur Planung. Eine kreative Arbeitstechnik auch zur Gesprächsvorbereitung habe ich in meinem Buch «Mind Mapping» beschrieben. Überprüfen Sie mit den folgenden fünf Fragen Ihre Gesprächsvorbereitung.

• Wie lautet das Ziel Ihres Gesprächs?
• Kennen Sie Ihre Zielgruppe?
• Haben Sie genügend Vorinformation über Ihre Zielgruppe? Wenn nicht, woher könnten Sie diese bekommen? Haben Sie es eher mit «Trampolinmenschen» oder Vertretern der Stufenseite zu tun? Welche Seite benötigt welche Argumente?
• Welche Unterlagen oder Präsentationsmittel brauchen Sie für einen kompetenten Eindruck?
• Haben Sie für die Stufen genügend Zahlen, Daten und Fakten? Sind diese Analysen gut mit Diagrammen aufbereitet?

- Mit welchen Einwänden rechnen Sie?
- Welche Argumente würden welche Zielgruppe überzeugen? Bei wem können Sie Information einholen?
- Proben Sie die Erwiderung auf Einwände.
- Haben Sie einen Gesprächsverlauf skizziert?
- Wie eröffnen Sie das Gespräch – mit einem Erfahrungsbericht oder mit einer Statistik?
- Haben Sie den Gesprächsverlauf notiert, damit Sie beim Thema bleiben und wichtige Punkte nicht vergessen?
- Wie schließen Sie das Gespräch? Haben Sie an eine kurze Zusammenfassung gedacht? – Proben Sie die Länge des Gespräches, wenn ein Zeitlimit vorgegeben ist. Wenn es Aufgaben zu verteilen gibt, legen Sie dafür Folgetermine zur Bearbeitung fest. Bedanken Sie sich.

3. Gesprächsrituale

Ein guter Rat kann nicht befolgt werden,
wenn er nicht verstanden wird.

LADISLAUS KUTHY

Während meiner Studienzeit in München gab ein kleiner Fachbereich ein sehr formelles Fest. Weil bei der Veranstaltung Abendgarderobe erwartet wurde, ging ich im langen Kleid hin. Im Eingangsbereich stand einer der Professoren allein. Ich kannte ihn nur vom Sehen, ging also auf ihn zu, um mich vorzustellen und ihn zu begrüßen. Dabei streckte ich ihm meine rechte Hand zum Händedruck entgegen. Er nahm sie und hob sie zu einem Handkuß hoch. Ich war durch diese für mich völlig unerwartete Bewegung so sehr überrascht, daß ich meine rechte Hand ruckartig zurückzog. Mein Gesichtsausdruck muß wohl meine Überraschung widergespiegelt haben. Nach einem kurzen Moment der Starre sagte der Professor: «Oh, Sie sind aber mit Handküssen noch nicht sehr vertraut» und nickte schmunzelnd.

Verschiedene Kulturkreise – verschiedene Rituale

Händeschütteln ist wie unsere Sprache ein Ritual, das völlig unbewußt abläuft. Niemand verschwendet einen Gedanken daran, wenn ich in meinem Umfeld jemandem die Hand anbiete und die andere Person sie ergreift. Damit befindet sich das Ritual in der Balance. Wenn ich nun zu einer Konferenz in einen anderen Kulturkreis reise, kann ich mich informieren, welche Begrüßungsrituale dort verwendet werden. Dabei erfahre ich etwa, daß dort die Hände zur Begrüßung vor der Brust zusammengelegt werden oder daß sich die Menschen nur mit einer kleinen Verneigung begrüßen. In jedem Reiseprospekt wird mittlerweile auf verschiedene Rituale und Besonderheiten im Umgang mit Menschen in anderen Ländern hingewiesen.

Daß es aber unterschiedliche Rituale in den Sprechweisen von Frauen und Männern gibt, ist wesentlich schwieriger zu erkennen, denn wir erwarten hier keine Unterschiede. Dennoch ist die Begegnung mit dem jeweils fremden Sprechstil oft vergleichbar mit einer Reise in das exotische Land «Trampolien» oder das unbekannte Gebiet «Stufentinien». Solange die Gesprächspartner eine gemeinsame Ritualbasis haben, klappt die Verständigung in der Regel hervorragend, denn jedes Ritual selbst ist in Ordnung, in sich schlüssig und basiert auf Gegenseitigkeit.

Treffen allerdings zwei verschiedene Rituale aufeinander, kommt es zu Irritationen. Nicht immer kann die Situation dann so einfach aufgelöst werden wie in meiner «Handkuß-Begegnung».

Ist nicht bekannt, daß Verständigungsschwierigkeiten zwischen Männern und Frauen oft aus der Verwendung unterschiedlicher Gesprächsrituale resultieren, kann es im schlimmsten Fall dazu kommen, daß der Mensch selbst oder seine Fähigkeiten nach seinem Sprechstil bewertet werden. Möglicherweise werden auch Aussagen, die Bestandteil eines Gesprächsrituals sind, wörtlich genommen. Das hat im Berufsleben oft verheerende Folgen für die Personen, die nicht die vorherrschenden Rituale spielen.

3.1. «Was meinen Sie dazu?»

Wer schweigt,
von dem wird angenommen,
daß er zustimmt.
BONIFACIUS VIII.

Doris klappt mit einem Seufzer der Erleichterung den Aktendeckel zu. Ein paar Details fehlen noch, aber der Bericht ist fast fertig. Sie nimmt die Papiere von ihrem Schreibtisch und geht zu Paul ins Büro. «Hast du eine Viertelstunde Zeit für mich?» fragt sie, «ich möchte dir gerne meinen Bericht vorlesen und wissen, was du dazu meinst.» – «Gerne», erwidert Paul und schiebt ihr den anderen Schreibtischsessel hin, «leg los.» Doris liest die wichtigsten Punkte aus ihrem Bericht vor, erklärt die Tabellen und unterstreicht einzelne Punkte. Paul hört ihr aufmerksam zu. Als sie fertig ist, beginnt er mit einer langen und ausführlichen Kritik. Er erzählt ihr, was sie seiner Meinung nach alles ändern sollte, und gibt ihr Ratschläge, wie diese Änderungen aussehen sollen. Doris hört mit einem immer unbehaglicheren Gefühl zu, je mehr Ratschläge kommen. Plötzlich findet sie sich in der Rolle einer Hilfesuchenden wieder. Doch das war ganz und gar nicht der Grund, weshalb sie mit ihrem Bericht zu Paul gekommen ist. Schließlich unterbricht sie ihn mit einem rüden «Es tut mir leid, aber ich muß wieder an meinen Schreibtisch zurück» und nimmt den Bericht wieder an sich. «Ja, willst du dir nicht noch meine Lösungen anhören?» fragt Paul. «Nein, danke, es war mir schon jetzt etwas zuviel.» – «Was meinst du mit zuviel, du wolltest doch meinen Rat!» Doris versucht es noch einmal zu erklären: «Ich wollte zwar deine Meinung, aber doch nicht all deine Ratschläge! Ich habe mir schließlich etwas dabei gedacht, den Bericht so zu schreiben, wie ich ihn geschrieben habe.» Paul entgegnet beleidigt: «Wenn du meinen Rat nicht willst, warum fragst du mich dann überhaupt?»

Gesprächsrituale

Wenn «Trampolinmenschen» die Bitte um Stellungnahme – «Was meinst du dazu?» – äußern, dann steckt meist der Wunsch dahinter, die Meinung der anderen Person zu hören und Nähe zu bekunden. Allein die Tatsache, daß sie sich an diesen Menschen wenden, bedeutet Wertschätzung und Beziehung. Der Gesprächspartner wird in den eigenen Denk- und Entscheidungsprozeß miteinbezogen. Im Beispiel wollte Doris mit der Bitte «Hör dir meinen Bericht an» an die Beziehungsebene appellieren, das Trampolin, die Nähe spüren. Zuhören bedeutet Wertschätzung der eigenen Person und Arbeit. Doris wollte keinesfalls eine Stellungnahme von Paul. Hinter ihrem Gesprächsritual stehen Nähe, Verbundenheit und die Bitte um Kooperation. Doch die Bitte um eine Stellungnahme auf dem Trampolin ist eine Bitte um die andere Meinung, nicht etwa eine Bitte um Entscheidung oder Lösungsvorschläge.

Die Interpretation von Ritualen

Auf der Stufenseite dagegen wird der Satz «Was meinst du dazu?» als Bitte um Rat, Lösung und Entscheidung aufgefaßt. Dahinter versteckt sich die Annahme, daß von sich aus sagt, wer etwas zum Thema beitragen will. Hier gilt außerdem die Regel: «Wer nichts sagt, ist einverstanden.» Der Rechtsgrundsatz «Schweigen ist Zustimmung» (Handelsgesetzbuch

§ 362) fußt auf diesem Stufenritual. Einer anderen Person Lösung oder Rat anzubieten bedeutet aus Sicht der Stufenmenschen, den gleichen, wenn nicht einen höheren Status einzunehmen, denn ich zeige, was ich weiß. Es verbietet sich in diesem Weltmodell, daß Rangniedere Ranghöheren Lösungen anbieten. Auch der Umkehrschluß gilt: Wer Lösungen anbietet, weiß mehr und steht damit automatisch eine Stufe höher. Die Rolle des sachverständigen Experten, der Tips gibt, bedeutet höheren Status und Prestige. Und wer auf den Stufen wollte sich das – auch wenn ihm das nicht bewußt ist – entgehen lassen. Für Paul war klar, daß er Verbesserungsvorschläge macht, wenn er nach seiner Meinung gefragt wird. Die Vorstellung, daß jemand ihm etwas vorliest oder vorlegt, nur um die Beziehungsebene der Zusammenarbeit zu festigen, ist ihm auf den Stufen völlig fremd. Er sieht den «Trampolinhopsern» erstaunt dabei zu, wie sie sich gegenseitig ihre Berichte erzählen und damit bekunden: «Du bist es mir wert, daß ich dir meinen Bericht vorlese!»

Wer das Ritual «Was meinst du dazu?» nur von der Stufenseite her kennt und die Trampolinvariante nicht gewohnt ist, nimmt diese Bitte wörtlich. Er versucht, Lösungen anzubringen und fühlt sich getäuscht, wenn seine Ratschläge nicht angenommen werden. Das Mißverständnis resultiert daraus, daß unterschiedliche Rituale befolgt werden, und nicht daraus, daß eine Person etwa bestimmend und dominant wäre oder auf der anderen Seite manipuliert und getrickst würde.

Frauen reden und fragen anders

Zum Thema «Frauen reden anders» halte ich schon seit vielen Jahren Vorträge. Bevor ich diesen Vortrag zum ersten Mal hielt, trug ich ihn zur Probe einem Mann vor. Das Gesprächsritual «Was meinst du dazu?» kam übrigens in meinem Entwurf vor. Nachdem ich fertig war, fragte ich ihn: «Und, was meinst du?» Und es kamen Ratschläge, Lösungen, Entscheidungshilfen. Ich habe mir alles ruhig angehört, zu den Punkten, die mir als Anregung wichtig waren, Notizen gemacht und mich bedankt. Dann wollte ich mich wieder an den Schreibtisch setzen. «Machst du den Vortrag jetzt so, wie ich es dir gesagt habe?» fragte er. «Nein», erwiderte ich erstaunt, «aber noch mal danke für die Anregungen.» – «Du hast dir doch Notizen gemacht, willst du die Lösungen nicht verwenden?» – «Nein. Der Großteil bleibt so, weil ich mir dabei ja etwas gedacht habe.» Prompt empörte er sich: «Warum fragst du mich dann überhaupt?» Ich traute meinen Ohren nicht. Gerade hatte ich ihm meinen Vortrag, auch das Kapitel über das «Was meinst du dazu?»-Ritual, vorgelesen. Ich wollte keine Lösung von ihm. Ich wollte seine Meinung, er war mir wichtig genug, daß ich ihm meinen Vortrag zeigte. Das war für mich ein Indikator für unsere Verbundenheit oder Nähe. Natürlich entscheide ich letztlich selbst, was ich tun will. Für ihn jedoch war es: «Du willst eine Antwort, du bekommst sie. Du bittest mich um Rat, dann verwende aber auch meine Lösungen.»

Manchmal kann der Weg vom Wissen über das Erkennen zum Umsetzen lang oder kurz sein. Mein eigenes Erlebnis hat nicht dazu geführt, daß ich dachte: «Typisch Mann: will mir sagen, was ich zu tun und zu lassen habe.» Erfreulicherweise habe ich gedacht: Aha, das war also eine Live-Demonstration unterschiedlicher Gesprächsrituale zum Thema «Was meinst du dazu?».

Wenn man in Führungspositionen (egal auf welcher Stufe) arbeitet, werden Entscheidungen erwartet. Alles Gesagte ist Maßstab für Kompetenz oder ihr Fehlen. Andere um ihre Meinung zu bitten, weil Nähe und der Wunsch, Mitarbeiter in Entscheidungen miteinzubeziehen, wichtig sind, ist eine Angewohnheit der Trampolinseite. Die Frau fragt: «Was meinen Sie?», ob sie sich dessen, was sie tut, völlig sicher oder auch unsicher ist, denn es geht ihr letztendlich nicht um den Inhalt, um konkrete Formulierungen oder Sachfragen, sondern darum, etwas zu erzählen und über das Gespräch eine Atmosphäre der Kooperation und ein positives Klima zu schaffen. Auch wenn sich eine Frau dessen, was sie tut, völlig sicher ist, liest sie ihren Bericht gerne jemandem vor. Auf den Stufen wird damit der Eindruck erweckt, die Person brauche Hilfe bei Entscheidungen. Daraus wird leicht auf mangelnde Kompetenz und zuwenig Vertrauen in die eigenen Entscheidungen geschlossen. Was als Rücksicht und das Herstellen einer guten Beziehung gedacht war, erweckt den Eindruck von Unsicherheit.

ÜBUNGEN
Was Sie konkret tun können

Gönnen Sie sich eine kurze Pause zum Überlegen, bevor Sie fragen: «Was meinen Sie dazu?» Denken Sie darüber nach, ob Ihr Gegenüber das Sprachritual ebenso interpretiert wie Sie.

Es wird Ihnen leichter fallen, sich die nötige Zeit zu nehmen, wenn Sie mit der Zungenspitze einen Akupressurpunkt im Mund drücken. Er liegt direkt am Gaumen, hinter den oberen Schneidezähnen.

Das verschafft Ihnen eine Pause zum Überlegen und Entscheiden, entspannt und hat den Vorteil, daß Sie dabei garantiert kein Wort herausbringen.

3.2. Loben

> *Behandle ich den Menschen, wie er ist,*
> *so mache ich ihn schlechter.*
> *Behandle ich ihn, wie er sein könnte,*
> *so mache ich ihn besser.*
>
> GOETHE

Als Doris vom Kopierer zu ihrem Büro zurückgeht, sieht sie, daß die Tür zum Büro ihres Chefs offensteht. «Eine gute Gelegenheit, ihm meinen Bericht persönlich zu geben», denkt sie. Sie geht die paar Schritte zum Büro ihres Chefs und klopft kurz an. Auf sein Nicken geht sie zu seinem Schreibtisch und legt den Abschlußbericht darauf. «Hm, hm, ja danke», sagt ihr Chef. Doris bleibt neben dem Schreibtisch stehen. Als keine weitere Reaktion von ihrem Chef kommt, sagt sie: «Ich habe die Statistiken im Bericht auf dem neuen Farbdrucker ausgedruckt, um einen guten Gesamteindruck zu haben.» Der Chef schaut kurz auf: «Ja, danke.» Sie bleibt weiter stehen und weist darauf hin, daß sie im Anhang ein ausführliches Register erstellt hat, um Nichtfachleuten ein schnelles Einarbeiten in den Bericht zu ermöglichen. «Ah, ja», kommt als Antwort. Er nickt ihr zu und arbeitet dann weiter. Doris dreht sich um, verläßt das Büro und macht draußen bei ihrer Kollegin ihrem Ärger Luft: «Da lege ich ihm den Bericht vor, in den ich so viel Zeit und Mühe investiert habe. Er hat ja keine Ahnung, wieviel Arbeit darin steckt. Die ganzen Dateien, die ich neu formatiert und umstrukturiert habe, die tollen Farbtabellen! Er hat sich's nicht einmal angesehen, geschweige denn ein Wort gesagt! Und daß ich noch vor dem Abgabetermin fertig war, hat er auch nicht erwähnt. Manchmal habe ich das Gefühl, als sei ihm völlig egal, was ich hier mache.» Die Kollegin antwortet mit einem tiefen Seufzer: «Ja, mir geht es genauso. Meinst du, er sagt auch nur ein Wort zu meinen Leistungen? Ich befürchte, daß er mit meiner Arbeit nicht zufrieden ist, weil er nie was dazu sagt. Wenn ich eine Chance kriege, dann bin ich hier weg, bevor er mir kündigt, weil ich unfähig bin!»

Loben heißt: «Ich nehme deine Leistung wahr und erkenne sie an.» Es ist die Bestätigung, daß ein Beitrag geleistet, Ziele erreicht oder Verträge erfüllt wurden. Loben ist wie das Überreichen einer Quittung mit einem strahlenden und herzlichen Lächeln.
Grundsätzlich nimmt jeder Mensch, egal ob Frau oder Mann, ein Lob positiv auf. Jeder wird gerne gelobt. Und niemand nimmt ein ernsthaftes Lob übel.
Egal ob im Berufs- oder Privatleben – Kritik geht uns leider noch immer viel leichter über die Lippen. In der Regel wünschen sich die meisten Mitarbeiter, mehr Lob zu bekommen.
Wird jedoch zuwenig gelobt – und das scheint in Un-

ternehmen an der Tagesordnung zu sein –, dann gibt es allerdings Unterschiede, wie Frauen auf dem Trampolin oder Männer auf den Stufen darauf reagieren.

Männer interpretieren fehlendes Lob meist so: «Ich kann in Ruhe arbeiten. Mein Chef mischt sich nicht ein, es muß Vertrauen vorhanden sein, sonst würde er ja etwas zu mir sagen.» Auf den Stufen wird angenommen, daß keine Beanstandung vorliegt, wenn es keine Rückmeldung gibt. Männer haben keine Probleme mit fehlendem Lob, und es macht ihnen weniger aus, kein Feedback zu bekommen. Männer formulieren fehlendes Lob kurzerhand zu einem Vertrauensbeweis um. Typische Äußerungen von Männern lauten: «Wenn ich nichts sage, dann ist alles okay. Wäre etwas an der Arbeit zu bemängeln, würde ich das schon sagen.» Sie sind in der Welt der Stufenrituale völlig schlüssig. Männer wünschen sich zwar genauso wie Frauen ein Lob, zweifeln aber viel seltener an sich selbst, wenn es ausbleibt.

Bei fehlendem Lob interpretieren Männer: «Es gibt nichts zu kritisieren.»

Bei Frauen löst fehlendes Lob oft Selbstzweifel aus: «Es muß etwas falsch sein, wenn ich kein Lob bekomme, ich mache meine Arbeit nicht richtig, niemand interessiert sich für meine Arbeit, sie ist nicht wichtig, ich bin nicht wichtig.» Frauen lassen sich eher verunsichern, wenn sie nicht gelobt werden. Fehlendes Lob bedeutet für die Trampolinseite fehlende Nähe und Beziehung. Wer ein ernst gemeintes Lob austeilen möchte, muß sich in die andere Person versetzen und Erwartungen, Wünsche und Werte von sich selbst preisgeben. Fehlt das Lob, dann fehlt auch die Balance auf dem Trampolin. Um die Ba-

Bei fehlendem Lob interpretieren Frauen: «Ich bin nicht sicher, ob das, was ich tue, in Ordnung ist.»

lance wiederherzustellen, neigen Frauen dazu, Lob durch indirekte Formulierungen einzufordern, es sozusagen herauszukitzeln.

Ein geradezu klassisches Beispiel aus dem privaten Bereich handelt von einer Frau, die mit viel Liebe eine Kartoffelsuppe zubereitet hat. Sie stellt die Suppe auf den Tisch und setzt sich mit ihrem Mann zum Essen. Nach einer Weile eröffnet sie das Gespräch mit den Worten: «Das ist eine Kartoffelsuppe mit Steinpilzen.» – «Aha.» Ein neuerlicher Anlauf: «Sie war auch ganz schnell zu machen.» Er entgegnet freundlich: «Das freut mich für dich.» Erneute Pause, dann noch einmal ein Versuch: «Schmeckt doch prima, oder?»

Das Einfordern von Lob

Dahinter steckt der Trampolin-Wunsch: «Jetzt lobe mich doch endlich für diese tolle Kartoffelsuppe!» Daß die Suppe gut schmeckt, weiß sie selbst. Männer reagieren auf die direkte Einforderung von Lob mitunter unwirsch. Sie argumentieren etwa so: «Natürlich schmeckt es mir, sonst würde ich die Suppe ja nicht essen. Wenn sie mir nicht schmecken würde, hätte ich dir das schon längst gesagt.» Für die Frau kommt das eingeforderte Lob zu spät und erfüllt nicht die Erwartungen. Schließlich sollte es Nähe und Harmonie herstellen.

Nehmen wir an, die Frau hätte die Kartoffelsuppe mit den Steinpilzen einer Freundin serviert. Vermutlich würde dann allein schon die Bemerkung: «Ich habe heute zum erstenmal Kartoffelsuppe mit getrockneten Steinpilzen gekocht» dazu führen, daß die Freundin sagt: «Die schmeckt ganz ausgezeichnet! Tolles Rezept, mußt du mir auch geben!» Auf dem Trampolin soll schließlich durch indirekte Sprechmuster erahnt werden, was mit der Aussage gemeint ist.

Ein interessanter Aspekt des Gesprächsrituals «Loben» ergibt sich, wenn eine Frau als Vorgesetzte ihr unterstellte Männer lobt. Da auf den Stufen Lob nicht erwartet und auch nicht über indirekte Sprechmuster eingefordert wird, vermuten Männer hinter einem Lob einen anderen Beweggrund. «Was will sie von mir? Tut sie schön, weil ich noch zusätzliche Aufgaben übernehmen soll?» Frauen kann sogar unterstellt werden, daß sie sich einschmeicheln wollen. Eine weitere mögliche, typisch männliche Interpretation ist, daß die Frau privaten Kontakt sucht und die Untergebenen dann mit entsprechenden Reaktionen darauf eingehen. Lob, das nicht erwartet wird, kann Männer ebenso verunsichern, wie fehlendes Lob Frauen verunsichert.

Für alle Frauen und Männer, die bereits in einer Führungsposition sind oder eine erreichen wollen, ist es wichtig, die unterschiedlichen Rituale beim Loben zu kennen, um ihnen gerecht zu werden. Zu wissen, wie ich wen in meiner Gruppe lobe, ist ein wichtiger Bestandteil motivierender Führung.

Zum Thema Lob gilt sowohl für Männer als auch für Frauen:
Sprechen Sie kein Lob aus für Dinge, die selbstverständlich sind. Damit motivieren Sie nicht, sondern zerstören die Basis des Lobes. Wer bemerkt: «Man lobt mich ja schon für Nichtigkeiten», der ist mit einem Lob nicht mehr zu motivieren.

Sollten Sie bisher sehr selten gelobt haben, könnte Ihre neue Verhaltensweise sowohl Frauen als auch Männer zunächst verunsichern. Doch wenn Sie das Lob ernst meinen, werden ihre Mitmenschen die erste Schrecksekunde bald überwunden haben und sich in Zukunft über Ihr Lob freuen.

Loben kann man(n) lernen

Loben ist eine Fähigkeit, die niemandem in die Wiege gelegt wird, die Männer und Frauen aber durchaus lernen können. In vier Schritten können Sie Loben lernen.

1. Schritt:
Ich ...
Sagen Sie «Ich» und nicht «man», «Du» oder «Sie». Sprechen Sie von Ihren eigenen Werten und Gefühlen. Lassen Sie die andere Person daran teilhaben.

2. Schritt:
... habe etwas beobachtet ...
Teilen Sie mit, was Sie ganz konkret gesehen, beobachtet, gehört oder gefühlt haben. So weiß die andere Person genau, wofür sie das Lob bekommt. Beim Lob «Das haben Sie gut gemacht» kann sich schließlich jeder aussuchen, was genau er gut gemacht hat. Es ist für die Person, die gelobt wird, wichtig zu wissen, was genau sie gut gemacht hat, schließlich soll ein Lob ja positive Fähigkeiten stärken:
«Ich sehe, wie gewissenhaft Sie wichtige Akten abschließen.»

3. Schritt:
... und das hat mich sehr gefreut.
Im dritten Schritt teilen Sie mit, was das Gesehene

oder Gehörte für Sie bedeutet. Damit hat der Gelobte die Möglichkeit, die Wichtigkeit und Bedeutung des Lobes einzuschätzen. Ein Lob ohne diese Hintergrundinformation kann vielleicht als Lappalien-Lob verstanden werden und dementsprechend demotivieren. Mit dem Aussprechen der Wichtigkeit und Bedeutung, der Tat, die zu dem Lob geführt hat, fällt diese Gefahr weg, und das Lob motiviert:

«Ich freue mich, daß Sie zuverlässig arbeiten. Zuverlässigkeit auch bei vermeintlichen ‹Kleinigkeiten›, wie dem Abschließen wichtiger Akten, ist mir wichtig.»

4. Schritt:

Ziel

Wenn Sie das Lob in einem vierten Schritt noch abrunden wollen: Geben Sie einen Ausblick darauf, was es bedeutet, wenn die gelobte Person so weitermacht. Deuten Sie eine realistische und erstrebenswerte Konsequenz an, und halten Sie sie auch ein! Zum Beispiel: «Wenn Sie so weiterarbeiten, schlage ich Sie gerne als Projektleiterin des Qualitätsmanagement-Projekts vor.»

ÜBUNGEN

Was Sie konkret tun können

Nehmen Sie sich ein paar Minuten Zeit und überlegen Sie, wen Sie in Ihrem privaten oder beruflichen Umfeld schätzen und noch nie oder sehr selten gelobt haben.

Bereiten Sie sich dann anhand der vier «Lobschritte» theoretisch vor.

Überlegen Sie, wann Sie diese Person wieder treffen, und notieren Sie sich diesen Zeitpunkt als «Lobtermin». Wenn Sie einen Terminplaner führen, tragen Sie den Termin dort ein.

Überprüfen Sie, ob Sie den Lobtermin eingehalten haben. Wenn nicht, vereinbaren Sie mit sich selbst den nächsten. Wenn ja, herzlichen Glückwunsch, und tragen Sie gleich ein neues Datum für eine andere Person in Ihren Planer ein.

3.3. Kritik

Das Unheil nimmt seinen Lauf,
weil nie das klärende und befreiende Wort
gesprochen wird.

NIBELUNGENLIED

Doris nimmt den Telefonhörer ab, und die Stimme ihres Chefs tönt aus dem Hörer: «Kommen Sie bitte zu mir herüber, ich habe Ihren Bericht durchgesehen.» Sie legt auf und geht zu seinem Büro. Er hält den Bericht schon in der Hand. Während er ihr die Blätter gibt, sagt er: «Ich habe einige Passagen markiert, sie sind für das Gesamtverständnis nicht wesentlich. Formulieren Sie sie kürzer und denken Sie an die Deadline, bis morgen muß der überarbeitete Bericht wieder auf meinem Schreibtisch liegen.» Die Blätter in Doris' Hand zittern, als sie in ihr Büro zurückkehrt. «Was ist denn mit dir los?» fragt Elke, die gerade vorbeikommt, um sich von Doris die neuesten Umsatzzahlen zu holen. «Ich weiß nicht, ob er mich mit Absicht verletzt oder ob er gar nicht merkt, wie mich sein Verhalten kränkt.» – «Dein Chef?» fragt Elke vorsichtig. «Na ja, wer sonst. Wenn ihm etwas nicht paßt, muß er mir seine Kritik ja nicht gleich an den Kopf knallen!» Und mit ironischer Stimme: «Macht richtig Spaß, hier zu arbeiten.»

Kritik ist eine Chance, etwas über sich selbst zu erfahren

Kritisiert wird niemand gerne, ebenso, wie jeder gern ein Lob hört. Ob Kritik eher direkt und offen oder eher indirekt und vorsichtig ausgesprochen wird, sollte davon abhängen, auf welcher Seite sich die kritisierte Person befindet. Grundsätzlich ist Kritik ein Geschenk. Viele empfinden Kritik zwar als etwas Kränkendes, fühlen sich in ihrer Persönlichkeit und ihrem Selbstwert angegriffen, aber prinzipiell liegt in jedem Lob und in jeder Kritik eine Möglichkeit zu erfahren, wie andere das eigene Verhalten, die eigenen Fähigkeiten einschätzen. Damit eröffnet sich die Möglichkeit, sich selbst besser kennenzulernen. Kritik und Lob sind Hilfsmittel, Dinge wahrzunehmen, die man selbst nur eingeschränkt erkennen kann. Kritik und Lob sind Instrumente, die dabei helfen, sich zu entwickeln.

Kritik wird auf dem Trampolin indirekt geäußert

Kritiker, die auf dem Trampolin stehen, bemühen sich, die Gefühle anderer zu berücksichtigen. Oft wird die Wirkung der Worte abgemildert, es werden indirekte Formulierungen gewählt, etwa «könntest du», «möchtest du», «eventuell», «vielleicht ist es dir möglich», um die gute Beziehung, die auf der Trampolinseite so wichtig für eine effektive Zusammenarbeit ist, durch Kritik nicht zu gefährden. Trotz aller Abschwächungen und trotz der indirekten Sprechweise wird der Kritisierte auf dem Trampolin genau

verstehen, daß er aufgefordert ist, etwas zu verbessern.

Kritik wird auf der Stufenseite direkt geäußert

Auf den Stufen wird Kritik dagegen offen geäußert.
Punkte, die nicht in Ordnung sind, werden direkt
und offen angesprochen. Nach dem Motto: «Geschäft ist Geschäft» geht es hier nicht um Gefühle,
sondern um die offene Aussprache dessen, was zu
kritisieren ist.

Gefühle haben für «Stufenmenschen» im Berufsleben nichts verloren. Hier geht es knallhart zu. Die
Angst, Nähe, Harmonie oder Sympathie zu verlieren,
ist hier bei weitem nicht so groß. Es geht in erster Linie um Respekt und um die Rangordnung. Respekt
bedeutet auch, daß offen kritisiert werden kann,
ohne daß befürchtet werden muß, daß die Sympathie des Gesprächspartners verlorengeht. Schließlich
steht Sympathie gar nicht im Mittelpunkt.

Die Kritik von den Stufen zum Trampolin dagegen
kann als unhöflich, grob oder verletzend empfunden
werden. Diese Gefühle verhindern, daß der Inhalt
der Kritik und ihre Möglichkeiten überhaupt wahrgenommen werden. Wenn nur noch das Verhalten
des Kritikers beurteilt wird, läuft die Kritik selbst ins
Leere. Wer in direktem Sprechstil jemanden kritisiert, der denselben Sprechstil verwendet, wird kaum
Probleme bekommen. Wenn aber direkte Kritik und
indirekter Sprechstil zusammenstoßen, kommt es
oft zu Mißverständnissen und negativen persönlichen Bewertungen. In den seltensten Fällen ist der
so Kritisierte in der Lage, zu durchschauen, daß die
Kritik nicht als Beleidigung gemeint ist. Die Reaktio-

nen auf die vermeintliche Beleidigung können harsch sein: «Typisch Mann», heißt es dann, «er ist einfach unhöflich und ungehobelt.»

Wenn umgekehrt vom Trampolin aus an einem «Stufenmenschen» Kritik geübt wird, kann durchaus folgender Vorwurf laut werden: «Sage doch bitte genau, was du möchtest, drücke dich klar aus, und nenne das Kind beim Namen!» Wer einen direkten Sprechstil gewohnt ist, erkennt womöglich gar nicht, daß eine Äußerung als Kritik gemeint war. Wenn auf der Trampolinseite geglaubt wird, daß Kritik unangenehm für die empfangende Person sein muß, dann führt das leicht dazu, daß die Botschaft abgeschwächt wird, um die Beziehung nicht zu gefährden. Kritik wird nicht abgemildert, weil sie etwa nicht wichtig wäre, sondern weil die Beziehung nicht gefährdet werden soll. Auch hier können Mißverständnisse zornige Reaktionen hervorrufen: «Mein Gott, Frauen», heißt es dann etwa, «die können einfach nicht sagen, was sie wollen. Sie reden immer um den heißen Brei herum.» Menschen neigen dazu, das Gesagte nicht einfach als anderen Sprechstil zu nehmen, sondern es als persönlichen Angriff zu werten.

Bevor man jemanden kritisiert, sollte man sich also immer überlegen: Ist diese Person eher jemand, der direkt spricht, oder jemand, der indirekt spricht? Zusätzlich zu den unterschiedlichen Sprechstilen von Trampolin und Stufenleiter sollte man einige allgemeine Punkte beachten, damit Kritik konstruktiv wirkt und tatsächlich als Geschenk angenommen werden kann.

1. Punkt:
Soll- und Istwert feststellen
Dazu muß tatsächlich ein Soll oder Ziel für die Erle-
digung von Aufgaben, für das Verhalten in bestimmten Berufssituationen oder das Erreichen von Vorga-
ben existieren. Nur wenn es ein Ziel gibt, kann ich
den Jetzt- oder Ist-Zustand damit vergleichen.

2. Punkt:
Wo und wann kritisieren?
Kritisieren im Beisein von anderen oder zwischen
Tür und Angel führt sicherlich nicht zum gewünsch-
ten Ziel. Suchen Sie sich deshalb einen geeigneten
Ort und einen passenden Zeitpunkt, um ein aus-
führliches Kritikgespräch zu führen. Haben Sie ge-
rade etwas beobachtet, was Ihnen bei einer anderen
Person Anlaß zu Kritik gibt, und sind Sie mit dieser
Person allein, sprechen Sie Ihre Beobachtung und
Ihre Kritik sofort aus.

3. Punkt:
Beobachtungen und Bewertungen trennen
Die meisten von uns sind Meister im Bewerten, Interpretieren und Verallgemeinern. «Sie sind unzuverlässig» ist keine konkrete Beobachtung, sondern
eine verallgemeinernde Interpretation, die überdies
auch noch beleidigend ist. Teilen Sie – wie beim Loben – mit, was Sie ganz konkret gesehen, beobachtet,
gehört oder gefühlt haben. Nur so weiß die andere
Person genau, warum sie kritisiert wird. Der Satz
«Sie sind unzuverlässig» treibt den Kritisierten innerlich in Deckung, schließlich ist keine Person *immer* unzuverlässig. Außerdem läßt diese Aussage offen, wo, wann, wie genau derjenige unzuverlässig

war. Wenn Kritik ein Geschenk werden soll, dann ist es für die Person, die kritisiert wird, wichtig zu wissen, was genau sie anders machen soll.

Beispiel: «Sie haben zum zweiten Mal einen Kundentermin, den Sie fest zusagten, nicht eingehalten.»

4. Punkt:
Eigene Werte ansprechen

Teilen Sie mit, was es für Sie bedeutet, wenn Kundentermine nicht eingehalten werden. So erhält die kritisierte Person die Möglichkeit einzuschätzen, was Ihnen wirklich wichtig ist, in diesem Fall, welche Bedeutung die Einhaltung von Kundenterminen für Sie und das Unternehmen hat. Mit dem Ansprechen eigener Werte und Gefühle schaffen Sie trotz Kritik eine Beziehungsbasis, die Ihre Handlungen nicht als einsame und willkürliche Befehle erscheinen läßt.

Beispiel: «Ich bin sauer, weil ich weiß, daß jeder verärgerte Kunde fünfzehnmal schlecht über unsere Firma spricht. Unser gemeinsames Abteilungsziel ist Termintreue. Zufriedene Kunden und Termintreue sind mir wichtig.»

5. Punkt:
Konkretes Ziel angeben

«Ändern Sie Ihr Verhalten den Kunden gegenüber grundlegend» ist kein Ziel, sondern lediglich ein frommer Wunsch, der keine Basis für einen Soll/Ist-Vergleich bietet. Sagen Sie, was verändert werden soll. Seien Sie dabei so konkret wie möglich. Definieren Sie, was, wann, wo mit wem und wie gemacht werden soll. Und überlegen Sie, ob es der Person überhaupt möglich ist, dieses Ziel zu erfüllen. Machen Sie die Konsequenzen deutlich, wenn das ge-

meinsame Ziel nicht erreicht wird. Wenn Sie sicher
sind, daß der Kritisierte dieses Ziel erreichen kann,
dann sagen Sie ihm das auch.

ÜBUNGEN
Was Sie konkret tun können

Um selbst zu erleben, wie Kritik wirkt, wenn
sie nach den fünf Punkten formuliert wird,
nehmen Sie sich bitte zehn Minuten Zeit.

Erinnern Sie sich an eine Situation, in der
Sie kritisiert wurden? Wie haben Sie sich da-
mals gefühlt? Konnten Sie die Möglichkeit nutzen,
etwas darüber zu erfahren, wie Ihr Verhalten oder
Ihre Fähigkeiten eingeschätzt wurden? Konnten Sie
die Kritik als Geschenk annehmen?

Nehmen Sie nun die fünf Punkte zu Hilfe, und analy-
sieren Sie das damalige Kritikgespräch. Welcher der
fünf Punkte wurde eingehalten und welcher nicht?

Wechseln Sie nun Ihren Sitzplatz – ja, tatsächlich, setzen Sie sich in einen anderen Stuhl. Sie verändern dadurch Ihren Blickwinkel für die damalige Situation.

In dieser neuen Position bauen Sie nun ein Kritikgespräch für sich selbst auf, bei dem Sie die fünf Punkte
beachten. Nehmen Sie als Inhalt dieselbe Situation.

Kritisieren Sie sich nun selbst nach dem Fünf-
Punkte-Programm, und achten Sie darauf, was sich
verändert hat. Wie fühlen Sie sich jetzt? Vielleicht

können Sie jetzt die Möglichkeiten etwas besser nutzen, die in einem Kritikgespräch stecken? Konnten Sie schon ein klein wenig Ihre Hand nach dem Geschenk ausstrecken, oder halten Sie es möglicherweise bereits in der Hand?

3.4. Klagen

> *Wenn von Frauen erwartet wird, daß sie still sind,*
> *dann ist schon die Frau geschwätzig,*
> *die überhaupt spricht.*
>
> DALE SPENDER

Es ist Mittagspause, und in der Cafeteria des Betriebes haben es sich Doris und Elke mit Tee und Käsebrötchen gemütlich gemacht. Elke erzählt von den Schwierigkeiten bei der Präsentation ihres letzten Berichtes: «... dann fiel mein gesamtes Manuskript zu Boden, und ich mußte vor versammelter Mannschaft auf dem Boden kriechen und meine Blätter einsammeln. Danach haben meine Hände so gezittert, daß es der letzte im Raum sehen konnte.» – «Ich kann dich gut verstehen, bei einer meiner ersten Präsentationen habe ich vorher nicht nachgeprüft, ob der Overheadprojektor auch tatsächlich funktioniert. Und was ist passiert? Die Lampe war durchgebrannt, und nichts hat sich beim Einschalten getan», erwidert Doris. «Aber weißt du, das schlimmste ist für mich, wenn ich mir dann auch noch die unhöflichen Kommentare unseres Chefs anhören muß.» Elke richtet sich auf: «Genau wie bei der Besprechung meines Berichts. Die Kritik wirft er mir in zwei Sätzen an den Kopf. Und mir zu sagen», ihre Stimme wird schnippisch, «denken Sie an die Deadline», als wenn ich nicht selbst darauf achte. «Oh ja, ich weiß, was du meinst», seufzt Doris, «das scheint eine Spezialität von ihm zu sein. Übrigens fand ich die Gestaltung deines Berichts sehr gut.» «Oh, danke», erwidert Elke mit einem Lächeln: «und wenn du mit deinem Bericht dran bist, machst du deine Sache sicher super.» Doris nickt nachdenklich und klagt: «Ja, ja, ich weiß, ich bin nächsten Monat mit dem Projektbericht dran, da kann ich mich gleich entsprechend darauf einstellen.»

Paul und Otto tauchen neben dem Tisch der beiden Frauen auf. Otto sagt: «Na, ihr seid ja ganz schön am Jammern, ihr bemerkt nicht einmal, daß wir schon ein paar Minuten neben euch stehen.» Elke dreht sich zu ihm um: «Moment, was heißt hier Jammern, wir sitzen und freuen uns, daß wir endlich mal Gelegenheit haben, miteinander zu reden.» – «Also für mich», schaltet sich nun auch Paul in das Gespräch ein, «klang das schon sehr nach Jammern. Wenn euch diese Dinge auf den Keks gehen, dann nutzt eure Zeit, um zu überlegen, wie ihr die Situation lösen könnt.» Doris und Elke sagen ironisch: «Das war es, was uns zu einem gemütlichen Gespräch noch gefehlt hat: daß ihr beide kommt und uns sagt, wie man was anpackt.»

Durch Klagen äußern Frauen ihren Wunsch nach Zuwendung

Klagen ist ein Gesprächsritual, in dem durch gegenseitiges Bedauern Gemeinsamkeit hergestellt wird. Wenn sich eine Person auf dem Trampolin beklagt, testet sie damit die Nähe der anderen Personen zu ihr. Wird das Klagen erwidert, funktioniert das Ritual, und eine gemeinsame Gesprächsbasis ist geschaffen. Ein Problem zu äußern heißt für viele Frauen, den Wunsch nach Zuwendung im Gespräch zu formulieren, und nicht etwa, die Lösung des Problems zu suchen. Eine typische Aussage dafür ist: «Ich wollte es dir nur erzählen, du sollst doch nichts unternehmen.» Wenn der eine «Trampolinmensch» dem anderen von seinen Schwierigkeiten erzählt und sein Gegenüber darauf mit der Schilderung ähnlicher Schwierigkeiten antwortet, wird klargestellt, daß beide ganz normale Menschen sind, denn beide machen nicht alles perfekt. Gemeinsames Klagen schafft Nähe: «Sie versteht mich. Sie weiß, wovon ich spreche.» Klagen entlastet, klärt die eigenen Gedanken und eröffnet neue Perspektiven und Möglichkeiten zum Handeln.

Eine interessante Untersuchung der Universität Hamburg von Reinhard Tausch (in Psychologie Heute, Januar 1998) zeigt die erhebliche Bedeutung zwischenmenschlicher Gespräche im Alltag und in Krisensituationen. Auf die Frage: «Was hat Ihnen in der Krise geholfen?» gaben 73 Prozent an, Gespräche mit Freunden und Bekannten hätten ihnen geholfen, die Belastungen etwa bei der Trennung vom Partner zu bewältigen. Bei der Bewältigung schwerer existentieller Lebenskrisen gaben noch 63 Prozent der Befragten auf die Frage: «Was half Ihnen, diese Krise durchzustehen?» an, daß Gespräche hilfreich waren. Gespräche mit verständnisvollen Menschen gaben 59 Prozent als wichtig für die Lösung schwieriger Alltagsprobleme an. Professor Tausch dazu: «Wer in Krisensituationen einen hilfreichen Gesprächspartner gefunden hat, fühlt sich geachtet, ernst genommen, vom anderen verstanden, entspannt sich, wird zuversichtlicher, sieht seine Lage klarer und gewinnt neue Perspektiven. Und er macht die Erfahrung, daß Änderungen eintreten, allein durch das Reden über das Problem. Indem der andere aufmerksam zuhört, ohne zu bewerten oder zu steuern, kommt es beim Sprechenden zu einer größeren Selbstöffnung. Schon das Aussprechen von Belastungen führt unter diesen Bedingungen zu einer Angstminderung und Klärung.»

Frauen sind oft bessere Gesprächspartner

Weiter wurde in dieser Untersuchung noch gefragt, was hilfreiche Fähigkeiten seien, um in solchen Gesprächssituationen ein guter Gesprächspartner zu sein. Genannt wurden:

Achtung
Respekt
Warmherzigkeit
Sorge um den anderen
Akzeptanz
Einfühlungsvermögen
Zuhören, ohne zu bewerten
Gespräche, ohne zu lenken oder zu dirigieren, aber keine Lösungen oder Anweisungen.

Bisher sind diese Eigenschaften «mehr bei Frauen ausgeprägt» (R. Tausch).

Männer interpretieren das Gesprächsritual. Klagen als Wunsch nach Problemlösung

Das Gesprächsritual «Klagen» ist auf den Stufen dagegen nahezu unbekannt. Männer nehmen es zumeist wörtlich: «Reden ändert nichts. Wenn dir etwas nicht paßt, dann unternimm doch etwas dagegen.» Männer auf den Stufen folgern aus Klagen, daß eine Lösung gewünscht wird. Es geht aber nicht darum, etwas zu ändern, sondern um das Austauschen und Aufbauen von Nähe, dem Wunsch nach Zuwendung und Beziehung.

Wenn jemand klagt und von seinen Schwierigkeiten erzählt, dann bedeutet das für die Menschen auf den Stufen, daß er sich eine Blöße gibt. Das macht angreifbar und gefährdet den Rang. Klagt eine Frau, bedeutet das für die «Stufenmenschen»: «Sie bewältigt das Problem nicht allein, sonst würde sie nicht jammern. Ihr muß das Wasser schon bis zum Hals stehen.»

Das Bedürfnis der «Stufenmenschen», Lösungen anzubieten, kann so übermächtig sein, daß sie auch dann geliefert werden, wenn der «Stufenmensch» eigentlich gar keine kennt. Wenn von der anderen Seite keine Lösungsvorschläge gewünscht werden, muß das ausdrücklich gesagt werden. Nur so kann verstanden werden, daß genügend Kompetenz vorhanden ist, eigene Lösungen zu finden.

Von einem guten Freund stammt folgende Geschichte:

Er erhielt an ein und demselben Nachmittag zwei Anrufe von zwei verschiedenen Frauen. Die erste erzählte ihm, daß sie eine Arztrechnung bekommen habe, die sie bereits bezahlt hätte. Als Lösung bot er ihr an, sich doch direkt an den Arzt zu wenden. Kurz darauf klingelte das Telefon wieder, und die andere Freundin war am Apparat. Sie war am Boden zerstört, denn sie hatte soeben ein Glas Cola in die Tastatur ihres Computers geschüttet. Er empfahl ihr daraufhin, sich an den PC-Händler zu wenden.

Diese Geschichte kommentierte er folgendermaßen: «Es hat mich echt genervt, daß sie mich überhaupt

angerufen haben, bei diesen Problemen konnte ich
ihnen ja wohl wirklich nicht helfen.»
Selbst einfühlsame Männer können beim Klageritual
zu liebevoll hartnäckigen Problemlösern werden.
Lösungen zu finden gehört für sie so sehr zum eigenen Selbstbild, daß alle Klagen wörtlich genommen
werden. Männer fühlen sich überfordert, wenn sie
nicht wirklich helfen können.

Das Klageritual im privaten Umfeld führt möglicherweise zu Reaktionen wie: «Wenn ihr nur jam-
mert, setze ich mich lieber an meinen PC.» Das kann
Das Klageritual natürlich ebenso zu Irritationen und Verletzungen
sendet im Berufs- führen. Im Geschäftsleben bedeutet das mißverstan-
leben «falsche dene Klageritual aber, daß die eigene Kompetenz im
Signale» Problemlösen in Zweifel gezogen werden kann, denn
im Beruf wird das Gesprächsritual «Klagen» gänz-
lich anders bewertet. Dann wird die Klage nicht
mehr als das Bemühen um eine gute Gesprächsbasis
interpretiert, sondern als Inkompetenz. Wer im Beruf nach dem Motto handelt: «Probleme sind dazu
da, gelöst zu werden», nimmt das Ritual wörtlich.
Frauen verbauen sich dadurch im Beruf möglicherweise Aufstiegschancen. Der Wunsch, sich auszu-
tauschen und eine Beziehung herzustellen, wird auf
der Trampolinseite verstanden. Denken Sie beim
nächsten Mal daran, daß das aus einem anderen
Blickwinkel (von den Stufen aus) gesehen und auch
bewertet werden kann. Steht Ihnen jemand gegenüber, der sich eher auf den Stufen befindet, atmen Sie
noch einmal tief durch, bevor Sie mit Ihren Klagen
beginnen. Treten Sie innerlich einen Schritt zurück,
um die Situation besser überblicken zu können.
Dann erst sollten Sie entscheiden, welches Ritual in

dieser Situation angemessen und sinnvoll ist. In einigen Fällen kann es hilfreich sein, erst ein Gespräch über den Gesprächsstil zu führen.

In der Berufswelt sind die positiven Seiten des Klagerituals bisher kaum bekannt. Der Wunsch, jemanden zum Reden zu haben, mag möglicherweise vorhanden sein, realisiert wird er jedoch nur höchst selten. Es existiert die starke Befürchtung, als «Jammerlappen» mit den entsprechenden Konsequenzen (zum Beispiel bei der Beförderung übergangen zu werden) dazustehen. Meine Hoffnung ist, daß Frauen im Geschäftsleben in Zukunft in der richtigen Dosierung und möglichst mit wissenschaftlich belegten Zahlen, Daten und Fakten immer wieder auf die Bedeutung zwischenmenschlicher Gespräche beim Bewältigen von Krisen hinweisen und diese Gespräche auch selbst pflegen!

ÜBUNGEN
Was Sie konkret tun können

Meistens erinnern wir uns an unsere guten Vorsätze zur Gesprächsführung erst dann, wenn wir uns bereits mitten im Gespräch befinden. Die Übung «Momente der Klarheit» (sie stammt ursprünglich aus dem Fieldbook zur Fünften Disziplin von Peter M. Senge) ist einfach, leicht zu lernen und benötigt nur ein paar Sekunden. Gönnen Sie sich diese Sekunden regelmäßig in verfahrenen oder verwickelten Gesprächssituationen, und lassen Sie sich überraschen, wie anders Gespräche verlaufen können, wenn Sie nicht mit all Ihrer Energie an derselben festgefahrenen Situation herumzerren.

- Halten Sie einen Moment inne, auch wenn Sie bereits mitten im Klageritual sind.
- Fragen Sie sich selbst:
  Was geschieht gerade jetzt?
  Was tue ich?
  Was denke ich?
  Was fühle ich?
  Was wünsche ich mir in diesem Moment?
  Was tue ich gerade jetzt, um mich von dem abzuhalten, was ich mir wünsche?
- Wählen Sie, was Sie tun wollen.
- Atmen Sie aus und machen Sie weiter.

Ein letzter Tip:
Gönnen Sie sich diese Momente der Klarheit möglichst bei allen Gesprächssituationen, die Sie behindern oder blockieren.

4. Eine ganz normale Geschichte II

Es ist nicht die Aufgabe der Frau, die Arbeit des Mannes zu tun.
Es ist nicht ihr Job, Gedanken des Mannes zu denken.
Es ist nicht ihre Mission, den männlichen Geist anzureichern,
sondern den weiblichen auszudrücken;
es ist nicht an ihr, eine männergestaltete Welt zu erhalten,
sondern eine menschliche Welt zu erschaffen, indem sie das
weibliche Element allen Tätigkeiten hinzufügt.

MARGARET SANGER

«Ich habe die Stelle bekommen!» Frau Meyer stand glücklich vor mir im Büro, in den Händen eine Mappe, den Blick gerade auf mich gerichtet.
Ich griff zum Telefon und rief den Chef dieser Firma an, um die restlichen Formalitäten zu besprechen. Nach einem kurzen Smalltalk fragte ich ihn, weshalb er Frau Meyer genommen hätte. «Ganz einfach», war seine Antwort, «wenn ich eine Bewerberin frage, wie gut sie in Buchführung ist, und sie antwortet mir, daß sie darin sehr gut sei, wenn sie von sich weiß, wie effektiv sie neue Situationen angeht, das Ganze auch noch mit deutlicher und fester Stimme vorträgt, dann heißt das für mich, diese Bewerberin kann was. Natürlich nehme ich sie dann auch. Genügt Ihnen das, Frau Hertlein?» – «Aber ja, dann kann ich Ihnen nur zu Ihrer neuen Mitarbeiterin gratulieren!»

Unsere Sprechweise macht unsere Identität aus. Wie ich rede, bin ich und werde von anderen bewertet. Wenn ich anders spreche, bin ich nicht mehr die- oder derselbe. Wenn Frauen und Männer nun ihre Gesprächsmuster erweitern oder ändern, reagiert die Umwelt nicht unbedingt freundlich. Frauen bekommen dann etwa zu hören, sie seien «Emanzen» oder hätten «Haare auf den Zähnen», wenn sie im Berufsleben einen direkten Sprachstil verwenden. Bei Männern dagegen lobt man dann ihr Durchsetzungsvermögen. Bleibt eine Frau auf dem Trampolin im Muster Nähe und Harmonie, wirft man ihr im Beruf mangelndes Selbstbewußtsein vor und bevorzugt bei der nächsten Gelegenheit einen männlichen Kandidaten.

Jeder Sprechstil und jedes Ritual kann nur glücken, wenn Sie mit Menschen reden, die diesen Stil oder das Ritual teilen. Stilunterschiede sind zwar nicht der einzige, aber ein häufiger Grund für Mißverständnisse. Natürlich kann es auch bei gleichem Ritualverständnis einmal «haken». Das menschliche Verständnis von Sprache läßt uns aber eher nach der wörtlichen als nach der rituellen Bedeutung des gesprochenen Wortes suchen. Wir neigen dazu, nach individuellen psychischen Problemen zu forschen – «was stimmt mit mir nicht, die anderen sind unfähig, er ist unhöflich» –, um uns Schwierigkeiten in der Kommunikation zu erklären.

Das Wissen um unterschiedliche Sprechstile erleichtert die Interpretation der jeweils anderen Seite

Das Wissen um die Existenz unterschiedlicher Sprechmuster ist der erste Schritt. Zu wissen, warum man auf die eine oder andere Weise kritisiert wird, ist ungemein erleichternd, man ist nicht böse, verstockt oder verrückt, sondern verwendet schlicht und ergreifend verschiedene Gesprächsrituale. Wir achten, gerade im Beruf, auf die Ergebnisse von Sprechstilen und ziehen daraus unsere Schlüsse, zum Beispiel über den Charakter oder die Intentionen anderer.

Die Konsequenzen können Beförderungen oder keine Beförderungen, Einstellungen oder Absagen sein. Überdies werden im Beruf meist diejenigen Rituale bevorzugt, die sich an den Ritualen der Chefs orientieren. Und die meisten Chefs sind eben immer noch Männer.

Wenn man weiß, daß es unterschiedliche Sprechstile gibt, kann man sie benennen. Das vage Gefühl, daß etwas nicht stimmt, weicht der klaren Erkenntnis der unterschiedlichen Gesprächsrituale.

Welchen Sprechstil haben Sie?

Ein neuer Sprechstil bedeutet auch eine neue Sichtweise, neue Wörter erlauben mehr Wahlmöglichkeiten in der Kommunikation.

Es lohnt sich, die eigenen Rituale zu kennen, zu wissen, wo Sie selbst sich befinden. Stehen Sie dem Trampolin oder den Stufen näher? Vielleicht gibt es Situationen oder Menschen, bei denen Sie genau auf der jeweils anderen Seite stehen.

In zukünftigen Gesprächen können Sie darauf achten, wo sich die Personen befinden, mit denen Sie sprechen: auf den Stufen oder näher am Trampolin? Im nächsten Schritt sollten Sie innerlich einen Schritt zurückgehen. Sie schaffen so Distanz zum momentanen Gespräch und zur Situation und gewinnen Überblick. Sie können auf diesem «Denkgipfel» gezielt reflektieren, also darüber nachdenken, wie eigentlich geredet wird, um dann zu entscheiden, was Sie tun wollen.

Das Gespräch über das Gespräch

Eine Möglichkeit, eventuelle Mißverständnisse schon im Vorfeld aufzulösen, ist die Metakommunikation, das Gespräch über das Gespräch. Die Fähigkeit zur Metakommunikation ist auch eine wichtige

Grundlage zur Lösung bereits bestehender Konflikte. Wenn Menschen Gespräche über das Gespräch führen können, nehmen sie die aktuelle Situation als Teil eines Gesprächsprozesses wahr. Das ist eine Voraussetzung für das Ausfüllen einer Führungsposition. Unterschiede können so als das benannt werden, was sie tatsächlich sind, nämlich verschiedene Sprechstile oder Rituale. Unterschiede werden dann nicht mehr in der jeweiligen Person gesucht und bewertet.

Seitenwechsel Die andere Möglichkeit besteht darin, den eigenen Standpunkt im konkreten Gespräch zu wechseln. Je nachdem, wo der Gesprächspartner steht, können Sie auf die Stufen- oder Trampolinseite gehen oder sich diesen Seiten annähern. Das liest sich leichter, als es getan wird, denn der Umgang mit unterschiedlichen Ritualen erfordert ein hohes Maß an Flexibilität.

Bei vielen Frauen und Männern besteht außerdem die Befürchtung, daß das eigene Sprachmuster verlorengehen könnte, wenn die Seiten zu flexibel gewechselt werden. Das bedeutet, sich selbst zu verlieren, nicht mehr man selbst zu sein. Das kann natürlich passieren, wenn der Wechsel nicht bewußt vollzogen wird. Bei einem bewußten Wechsel der Sprachmuster bewahrheitet sich diese Befürchtung jedoch nicht. Das elègante Wechseln zwischen verschiedenen Mustern und Ritualen erfordert sicherlich viel Übung, die sich aber auf jeden Fall lohnt.

Paul Nutt von der Ohio State University hat in einer Studie 376 tatsächliche Entscheidungen in Betrieben ausgewertet. Mehr als die Hälfte der allein getroffenen Manager-Entscheidungen entpuppten sich demnach nach einiger Zeit als Fehlschläge. Wenn an der Entscheidungsfindung alle davon Betroffenen durch Gespräche beteiligt werden, führen immerhin 80 Prozent der Entscheidungen zum Erfolg. Ein Sprechstil, der auf Beziehungen basiert, in dem gehört wird, was die Betroffenen zu sagen haben, und das auch einbezogen wird, ist deshalb geeigneter, Unternehmenserfolge zu garantieren, als ein autoritärer. Bei einsamen Entscheidungen, die als Befehle von den Stufen ausgegeben werden, ist dagegen ein Mißerfolg schon zur Hälfte einkalkuliert.

Die Rituale der Unternehmenswelt orientieren sich immer noch am «männlichen Durchschnittstyp», auch wenn Frauen gerade für die neuen Managementmodelle eine Reihe von günstigen Eigenschaften mitbringen. Ihre soziale Kompetenz, Intuition und auch ihr ausgeprägter Gerechtigkeitssinn verschaffen Teams und Unternehmen neue Möglichkeiten. Doch dazu muß die Sprechweise der Trampolinseite im Berufsleben endlich die Anerkennung bekommen, die sie schon lange verdient. Teamentwicklung, Coaching, Führungs- und Managementmodelle (etwa die Lernende Organisation und das Dialogmodell) setzen immer stärker auf ein Miteinander, auf Beziehungen der Menschen untereinander. Untersuchungen wie die von Paul Nutt führen vor Augen, wie Unternehmensentscheidungen gelingen oder dramatisch mißlingen können. Dazu ist es wichtig, daß wir auf dem Trampolin unseren Stil bewahren, gleichzeitig aber die Möglichkeiten der Stufen erkennen und situativ nutzen lernen.

5. Sprache und Stimme sind untrennbar

*«Ein einziger schöner Klang
ist schöner als langes Gerede.»*
JOUBERT

**Die Stimme ist
Ausdruck der
Persönlichkeit**

Im richtigen Ton kann man alles sagen, im falschen Ton nichts. Das heikle daran ist, den richtigen Ton zu finden. Die Stimme ist neben der Körpersprache unser unmittelbarstes und differenziertestes Ausdrucksmittel. Sie verleiht jedem Menschen, und damit auch der Präsentation seiner selbst, einen unverwechselbaren, individuellen Klang. Keine Stimme gleicht völlig der anderen. Sie drückt bis in feinste Nuancen auch augenblickliche Stimmungen aus.

Nahezu unabhängig vom Inhalt werden die wesentlichen Informationen in der Kommunikation über die Stimme und den Körper transportiert. Eine Untersuchung von A. Mehrabian ergab, daß in konfliktbelasteten Gesprächen nur noch ca. 7 Prozent des tatsächlichen Inhalts beim Empfänger ankommen, die Stimme jedoch einen Anteil von 38 Prozent und die Körpersprache sogar von 55 Prozent an der Verständigung haben.

Der Eindruck, den wir im Berufsleben hinterlassen, wird von unserem Fachwissen, von unseren Sprechmustern, aber zu einem großen Teil auch von unserer Stimme und unserer Körpersprache geprägt. Sprache und Stimme vermitteln beim Bewerbungsgespräch, beim Reden, Telefonieren, in Sitzungen

und Besprechungen und bei Vorträgen ein Bild unserer Persönlichkeit. So wie wir in diesen Berufssituationen über unsere Stimme und die Art und
Weise, wie wir damit umgehen, wahrgenommen
werden, so nehmen wir umgekehrt unsere Mitmenschen wahr und bewerten deren Stimmen. Situationen im Berufsalltag, in denen einem «die Spucke
wegbleibt», «das Wort im Hals steckenbleibt» oder
«ein Frosch im Hals steckt» gibt es immer wieder, sei
es durch Aufregung, heftige Emotionen wie Wut, Ärger, Freude oder wenn wir überrascht werden.
Für die unterschiedlichen Sprechmuster, die Frauen
und Männer jeweils überwiegend anwenden, können
Sie ein offenes Ohr bekommen und Ihre Sprechmög-
lichkeiten erweitern. Auch für Ihre Stimme können
Sie eine Menge tun, um Ihre Persönlichkeit bewußt
wirken zu lassen.

Die Stimme sagt viel über einen Menschen aus. Man
muß nur genau hinhören. Wenn man sich ein bißchen bemüht, kann man hören, ob sich jemand froh,
traurig, wütend, resigniert, angespannt oder entspannt fühlt und auch, ob jemand selber an das
glaubt, was er sagt. Stimme und Sprechen sind unsere
wichtigsten Potentiale, um Gehör zu finden. Die
Stimme läßt durchklingen, was einen Menschen ausmacht, seine Lebensgeschichte, seine Persönlichkeit,
seine Seele. Das Wort «Person» kommt vom Lateini-
schen «personare» und bedeutet «durchtönen». Die
Person selbst ist also ein Klangkörper. Feinste Beziehungsaspekte spiegeln sich im Klang der Stimme wider.

Was wir als «schön» empfinden, wird auch durch die Kultur bestimmt, der wir angehören. Eine schöne Stimme ist also nur zum Teil angeboren. In der Stimme schwingt mit, aus welchem Kulturkreis und aus welcher sozialen Schicht wir kommen. Zeitgeist und Mode finden nicht nur in der Kleidung ihren Ausdruck, sondern auch in der Stimme. So liegt die durchschnittliche Frauenstimme heute deutlich tiefer als vor vier Jahrzehnten. Die hohe, oft künstlich hochgepreßte Kleinmädchenstimme ist aus der Mode gekommen. Wachsendes Selbstbewußtsein, aber auch die Zunahme der durchschnittlichen weiblichen Körpergröße haben dafür gesorgt, daß Frauen tiefer sprechen. Die eigene Biographie, das Temperament, die Anatomie und die momentane Gefühlslage sind über die Stimme erkennbar. So kann man in der Regel etwa heraushören, wer die Alpha-Position (Führungs- oder Dominanzposition in einer Gruppe) beansprucht, Kontakt will oder sich lieber zurückzieht, wer unter seelischem Druck steht. Wahrzunehmen ist auch, ob Fragezeichen oder Ausrufezeichen hinter den Sätzen stehen oder ob eine Bitte in Wirklichkeit als Befehl zu verstehen ist.

Die Stimme bestimmt den ersten Eindruck

Der Ton macht die Musik, und unsere Stimme ist ein ausschlaggebender Faktor für eine gute Kommunikation und ein Gefühl des Vertrauens. Menschen urteilen spontan über die Stimme und damit gleichzeitig über den Sprecher. So werden Frauen mit hohen zarten Stimmen oft als dumme kleine Mädchen beurteilt, obwohl die Stimmhöhe objektiv absolut nichts mit Kompetenz und Autorität zu tun hat.

Auf die Frage «Worauf achten Sie besonders, wenn Sie jemanden zum ersten Mal treffen?» antworteten immerhin 40 Prozent der befragten Frauen und Männer: die Stimme. Noch wichtiger waren nur noch Gesicht und Kleidung, weniger wichtig waren Figur, Hände, Frisur, Augen und Gang.

Im Bewerbungsgespräch ist der erste Eindruck von besonderer Bedeutung. Die Stimme entscheidet hier oft darüber, wieviel Kompetenz einem Bewerber zugetraut wird.

Viele Menschen behandeln ihre Stimme schlecht. Sie pflegen ihren Körper, kämpfen gegen Speckpolster und für einen straffen Körper, schminken ihr Gesicht und legen Wert auf ihre Frisur, während ihre Stimme zu rauh, zu heiser, zu leise oder zu unsicher klingt.

Gift für Ihre Stimme

Wenn Sie im Beruf Wert auf Ihre Stimme legen, dann denken Sie daran, daß Rauchen, langes Sprechen in klimatisierten Räumen und harter Alkohol (zum Beispiel Schnaps) die Stimmbänder austrocknen.

Bei angestrengter Stimme oder Erkältung weiterzusprechen oder auch nur zu flüstern strengt die Stimme übermäßig an. Wenn Sie sich eine Stimm- und Sprechpause leisten können, sollten Sie sie unbedingt nutzen!

Balsam für Ihre Stimme

Es gibt zwei ganz einfache Tips für eine gesunde Stimme: Trinken Sie viel Wasser, am besten Wasser ohne Kohlensäure, oder Kräutertee. Sie befeuchten damit Mund, Rachen und Kehle und sorgen für geschmeidige Stimmbänder. Außerdem sollten Sie durch die Nase einatmen. Die Atemluft wird dadurch befeuchtet und angewärmt, bis sie die Stimmlippen erreicht.

Ihre Stimme ist nicht Ihr Schicksal, sondern Ihr ganz

persönliches Instrument, dessen Fähigkeiten Sie erweitern können. Der Gesamtklang einer Stimme ist
nicht nur ein Produkt der Stimmbänder, sondern ein
Gesamtkunstwerk, an dem der gesamte Körper beteiligt ist. Länge, Spannung, Elastizität und Stellung
der Stimmbänder oder -lippen beeinflussen Tonhöhe, Lautstärke und Klangfarbe. Wie gut die Muskeln im Gesicht genutzt werden und wie weit jemand
«den Mund aufmacht», hat Auswirkungen auf die
Deutlichkeit der Aussprache, die Artikulation.

Es gibt viele Möglichkeiten, die Stimme zu trainieren. In diesem Teil des Buches soll Ihnen gezeigt werden, wie die verschiedenen Elemente, die die Stimme
ausmachen, trainiert werden können. Mit Übungen
zur Artikulation, Lautstärke und Intonation können
Sie die Basis zu einer Stimme legen, mit der Sie
Gehör finden. Wer sich darüber hinaus informieren
möchte oder wem die Übungen im Buch nicht aus-
reichen, findet im Literaturverzeichnis Tips zum
Weiterlesen.

Die ausgewählten Übungen sind für eine gesunde Sprechstimme gedacht. Bei Beeinträchtigungen
oder Erkrankungen ist professionelle Hilfe (Logo-
pädie, Hals-Nasen-Ohren-Heilkunde, Sprecherzie-
hung) angebracht.

Bitte achten Sie bei allen Übungen darauf, daß Sie
sich nicht überfordern. Stimmqualität hat sehr viel
mit einem entspannten, lockeren Sprechen zu tun.
Übungen, bei denen Sie sich verkrampfen oder anspannen, bewirken das Gegenteil.

Wenn Sie also eine gesunde Sprechstimme haben
und sie schulen möchten, dann legen Sie jetzt los!
Stimmtraining bedeutet in vielen Fällen Muskeltrai-
ning, und das erfordert entspannte Ausdauer. Für

alle, die an dieser Stelle das Buch am liebsten ernüchtert zuklappen möchten – bleiben Sie dennoch dabei, und denken Sie an Thomas Edisons Ausspruch:

«Erfolg ist zu 1 Prozent Inspiration
und zu 99 Prozent Transpiration.»

Allein Ihre Ausdauer bestimmt Ihre Stimm-Möglichkeiten und Ihren Erfolg!

6. Stimmübungen für den Berufsalltag

6.1. Kompetent und freundlich?
Stimm-Muster von Frauen und Männern

Die Magie des Klanges –
Widerhall, der durch die tieferen Gründe der Psyche tönt.

MURRAY SCHAFER

Woran liegt es, daß Menschen andere Menschen als kompetent, glaubwürdig, vertrauenswürdig, dominant oder als freundlich, zugänglich, personenbezogen bezeichnen? Zum einen sicher an ihren Taten, zum andern aber sicher auch an ihrer Stimme. Wenn man gesprochene Sprache auf Tonband aufzeichnet und analysiert, kann man bei einigen Sprechern Gemeinsamkeiten erkennen, die immer wiederauftauchen und ein charakteristisches Stimmuster bilden. Diese werden unterstützt durch bestimmte körpersprachliche Bewegungen, die in Verbindung mit den Stimmustern regelmäßig wiederkehren und verschiedene Kommunikationsmuster bilden. Im Gespräch wird immer unbewußt darauf geachtet, wie jemand spricht und was seine Körpersprache ausdrückt. Daraus formt sich unwillkürlich eine Bewertung des Sprechers.

Kommunikations-muster «Freundlichkeit» und «Kompetenz»

Dem Seminarskript des Kommunikationstrainers Michael Grinder verdanke ich die Grundlage für die Theorie, wie Menschen – zunächst unabhängig vom Inhalt – freundlich und kompetent wirken. An dieser Stelle ein Hinweis: Auch wenn die Muster «Kompe-

tenz und Freundlichkeit» eigenständig wirken, ist
der Inhalt natürlich trotzdem wichtig. Wer ständig
mit kompetenter Stimmlage und Körperhaltung Un-
sinn von sich gibt, wird im Privat- und Geschäftsleben bald unglaubwürdig. Umgekehrt aber ist es
wichtig, daß das, was Sie wissen, bei Ihrem Gegenüber auch entsprechend ankommt. Frauen neigen
dazu, ihre Klarheit zugunsten von Freundlichkeit ab-
zuschwächen.

In der nachfolgenden Zusammenfassung ist das Zu-
standekommen beider Muster ausführlich erläutert.
Nach der Lektüre können Sie üben – entweder al-
leine vor dem Spiegel oder mit einem Partner. Wenn
Sie die Möglichkeit haben, probieren Sie die Muster
mit einer anderen Person aus. Das hat den Vorteil,
daß Sie von Ihrem Gegenüber Rückmeldung darüber bekommen, wie Sie wirken und wie sich etwa
ihr Kopf bewegt.

6.1.1. «Freundlichkeit» und «Kompetenz»
Trampolin und Stufenseite

Die Kommunikationsmuster «Freundlichkeit» und
«Kompetenz» können den beiden Sprechstilen
Trampolin und Stufen aus dem ersten Teil des Buches zugeordnet werden. Mit den beiden Mustern
können überdies bestimmte Eigenschaften assoziiert
werden. Dieser Überblick eröffnet die Chance, beide
Komplexe miteinander zu verbinden. Wann es angebracht ist, das Stimm-Muster «Freundlichkeit» oder
«Kompetenz» zu verwenden, entscheiden natürlich
Sie. Wesentlich ist, daß Sie die Möglichkeit haben zu
wählen, ob und wann Sie bewußt ein Stimm-Muster
einsetzen wollen.

Freundlichkeit

Geschlecht:
eher weiblich assoziiert.

Position:
Die sprechende Person nimmt eine niedrigere oder gleichrangige Position zum Gesprächspartner ein und achtet auf Gemeinsamkeiten und Beziehungen im Gespräch.

Information:
Die sprechende Person sucht oder sammelt Information vom Gegenüber.

Bestätigung:
Die sprechende Person holt sich die Bestätigung dessen, was sie sagt, wenn die eigene Person akzeptiert wird.

Entscheidungen:
Die sprechende Person trifft Entscheidungen durch das Sammeln von Information im Gespräch. Sie holt andere Meinungen ein, um ihre eigene Entscheidung zu treffen.

Orientierung:
Bei diesem Stimm-Muster orientiert sich die sprechende Person an dem Einfluß, den sie ausüben kann. Hier wird eher die Beziehungsebene eines Gespräches angesprochen.

Kompetenz

Geschlecht:
eher männlich assoziiert.

Position:
Die sprechende Person nimmt eine höhere Position zum Gesprächspartner ein oder sieht sich selbst eher in einem höheren Status oder Rang.

Information:

Die sprechende Person gibt dem Gegenüber Informationen und Lösungsvorschläge. Sie entscheidet, welche Information wichtig ist.

Bestätigung:

Die sprechende Person bezieht die Bestätigung aus ihrer eigenen Position heraus.

Entscheidungen:

Hier geht es darum zu entscheiden. Die sprechende Person kommt mit diesem Stimm-Muster auf den Punkt.

Orientierung:

Macht und Position sind wesentliche Orientierungspunkte in diesem Stimm-Muster. Wichtig sind die Inhalte eines Gesprächs und nicht die Beziehungen, die zwischen den Gesprächspartnern herrschen. Hier wird eher die Sachebene eines Gespräches angesprochen.

6.1.2. Stimme und Körpersprache beim Sprechen

Ganz besonders wirkungsvoll lassen sich die Kommunikationsmuster «Freundlichkeit» und «Kompetenz» beim Sprechen realisieren. Der Schlüssel für diese Stimm-Muster liegt im Neigungswinkel des Kopfes und in den Kopfbewegungen. Er beeinflußt den Luftstrom durch die Stimmlippen oder -bänder. Zusätzlich hat der Sprecher die Möglichkeit, das Stimm-Muster durch die Veränderung von Tonhöhe und -stärke (Intonation) zu unterstützen. Wenn Sie sich diese beiden Muster bewußtmachen und sie einüben, schaffen Sie sich im Beruf die Möglichkeit, etwa Dinge, die Ihnen wichtig sind, auf den Punkt zu bringen, oder in einem Mitarbeitergespräch eine freundliche Atmosphäre zu schaffen, *ohne* Zweifel an Ihrer Kompetenz aufkommen zu lassen.

Freundlichkeit

Kopfbewegung:

Beim Sprechen bewegt sich der Kopf. Je nach Temperament oder Gesprächsinhalt kann dieses Nicken schneller oder langsamer ausfallen. Die Bewegung variiert je nach Persönlichkeit und Inhalt, von winzigen Nickbewegungen bis zu kräftigem Nicken oder Kopfschütteln ist alles möglich.

Stimme:

Die Stimme klingt eher rhythmisch. Beim Sprechen lassen sich regelmäßige «Wellenbewegungen» heraushören.

Intonation am Satzende:

Ein ganz wichtiger Aspekt ist das Satzende. Hier hebt sich die Stimme. Im Extremfall gibt das dem Satz einen fragenden Klang, auch wenn keine Frage beabsichtigt ist. Auch Laute wie «ja» oder «aha» werden so betont, als stünde hinter ihnen ein Fragezeichen.

Kompetenz

Kopfbewegung:

Beim Sprechen bleibt der Kopf ganz ruhig. Erst am Satzende bewegt sich der Kopf nach unten und verharrt kurz in dieser Position. Dann bewegt er sich wieder nach oben und bleibt dort ruhig bis zum nächsten Satzende. Je nach Temperament oder Gesprächsinhalt kann diese Bewegung schneller oder langsamer ausfallen. Die Bewegung variiert je nach Persönlichkeit und Inhalt, von einer winzigen Bewegung, die von den Augenlidern (sie gehen mit dem Kopf nach unten) unterstützt wird, bis zu einem kräftigen Ruck ist alles möglich. Wichtig ist, daß der

Kopf in der unteren Position kurz verharrt und sich erst dann wieder hebt. Wird das nicht eingehalten, entsteht der Eindruck eines Nickens und damit das Kommunikationsmuster Freundlichkeit.

Stimme:
Die Stimme klingt eher flach und neutral. Es läßt sich kein Rhythmus heraushören.

Intonation am Satzende:
Beim Stimm-Muster Kompetenz sollte die Kopfbewegung am Satzende mit der Stimmhöhe synchronisiert werden. Wenn sich der Kopf am Satzende nach unten senkt, dann senkt sich in genau der gleichen Geschwindigkeit auch die Stimme. Der Satz bekommt dadurch eine Bestimmtheit, als stünde am Satzende ein Ausrufezeichen.

6.1.3. Stimme und Körpersprache beim Zuhören

Auch der Zuhörer kann sich den Kommunikationsmustern «Freundlichkeit» und «Kompetenz» entsprechend verhalten. Zusätzlich hat er die Möglichkeit, das Gespräch durch Geräusche («Hm, aha, so so») zu unterstützen. Kopfbewegung und die Haltung des gesamten Körpers drücken eine bestimmte Einstellung zum Sprecher aus. Dieser bildet sich dann sein Urteil über seinen Gesprächspartner: «Die Person, die mir zuhört, ist freundlich oder kompetent.»

Freundlichkeit
Körperhaltung:
Die Person lehnt sich beim Zuhören im Stehen oder Sitzen nach vorne. Es kann also der gesamte Ober-

körper dem Sprecher zugeneigt sein oder nur der Kopf. Je nach Beteiligung am Gespräch verändert sich dieser Neigungswinkel, wird stärker oder geringer.

Kopfbewegung:
Der Kopf nickt beim Zuhören entweder stetig oder nur in bestimmten Gesprächspassagen. Die Nickfrequenz kann von sehr niedrig bis sehr hoch variieren.

Geräusche:
Die bekanntesten Zuhörgeräusche sind «mhm» oder «ahh». Diese Silben werden beim Zuhören mit nickenden Kopfbewegungen unterstrichen und regelmäßig in das Gespräch eingebracht. Auch andere Geräusche wie etwa ein «tstststs» (für Überraschung oder Erstaunen über das Gesagte) unterstützen das Freundlichkeits-Muster.

Kompetenz
Körperhaltung:
Die Person sitzt oder steht beim Zuhören aufrecht. Das heißt, der gesamte Oberkörper, Hals und Kopf bilden eine gerade Linie. Bei lebhaften Gesprächen kann sich eine Neigung ergeben, die Person kehrt aber meist rasch wieder zur geraden Linie zurück.

Kopfbewegung:
Der Kopf bleibt ruhig, aber natürlich nicht während der gesamten Zeit starr. Ja-Signale (Nicken) oder Nein-Signale (Kopfschütteln) werden verwendet, danach verharrt der Kopf jedoch wieder ruhig in der aufrechten Ausgangsposition.

Geräusche:
Hierbei kommen kaum Zuhörgeräusche wie «mhm» oder «ahh» vor. Die Person schweigt überwiegend.

ÜBUNGEN

  Setzen oder stellen Sie sich zusammen mit einem Partner bequem hin. Wenn Sie allein üben müssen oder möchten, verwenden Sie einen Spiegel, in dem Sie sich möglichst ganz, auf jeden Fall jedoch Kopf und Oberkörper, gut sehen können.

Üben Sie die Kommunikations-muster

Sprechen Sie den Satz «Vielen Dank für Ihr Kommen», indem Sie den Kopf ruhig halten und erst am Ende des Satzes nach unten bewegen. Ihre Stimme senkt sich ebenfalls am Satzende.

Sprechen Sie nun den Satz «Vielen Dank für Ihr Kommen», indem Sie während des Sprechens mit dem Kopf nicken und am Ende des Satzes die Stimme heben.

Bitten Sie auch hier Ihren Partner, besonders darauf zu achten, daß die wesentlichen Merkmale der Muster deutlich zu erkennen sind. Überprüfen Sie die unterschiedliche Wirkung desselben Satzes.

Übungssätze

Üben Sie die Muster «Kompetenz» und «Freundlichkeit» mit den Sätzen:
- «Das ist meine Entscheidung.»
- «Der Zweck unseres Treffens ist Ihnen bekannt.»

- «Ich informiere Sie über unsere neuen Richt-linien.»
- «Sie können sicher sein, daß die Ursache gefunden wird.»
- «Immer mehr Unternehmen erkennen, daß sie in einer Zeit fortschreitender Spezialisierung einen Führungsstil verwirklichen müssen, der das En-gagement des einzelnen fördert.»
- «Eine positive Einstellung zu den Fähigkeiten mei-ner Mitarbeiter ist die beste Basis für jede exzel-lente Kommunikation.»
- «Wenn das Leben keine Vision hat, nach der man sich sehnt, die man verwirklichen möchte, dann gibt es auch kein Motiv, sich anzustrengen» (Erich Fromm).

Erzählen Sie nun Ihrem Übungspartner eine kurze Geschichte aus Ihrem Privat- oder Berufsalltag, und verwenden Sie dabei abwechselnd das Freundlich-keits- und das Kompetenz-Muster.

Überprüfen Sie mit Ihrem Partner die unterschied-liche Wirkung der Geschichte. Fragen Sie, ob und woran Ihr Gegenüber die beiden Muster erkannt hat.

6.2. Sprechen Sie deutlich?
Die Artikulation

> *«Beim Klang wird nur die Luft gebrochen,*
> *Und jede Rede, die gesprochen,*
> *Ob laut, ob leis, ob schlecht, ob schön,*
> *kann letztlich nur aus Luft bestehen.»*
> CHAUCER, THE HOUSE OF FAME

Verschaffen Sie sich Gehör!

Bei wichtigen Redeanlässen, unter Streß und An-spannung, neigen viele Menschen dazu, schneller als gewöhnlich zu sprechen, getreu dem Motto: Je schneller ich spreche, desto eher habe ich die Situation hinter mir. Das ähnelt dem Wunsch, den Minutenwalzer in zwanzig Sekunden zu spielen, um die Bühne möglichst schnell wieder verlassen zu können. Die Folge ist, daß die Aussprache «verwaschen» klingt und einzelne Wörter oder Wortteile womöglich nicht mehr zu hören sind. Man wird Sie nicht verstehen. Ebenso wie das Verschlucken von Endungen, Verschleppen von Silben oder Nuscheln ist zu schnelles Sprechen für die Zuhörer anstrengend und ermüdend, weil sie sich bemühen müssen, Ihnen zu folgen. Fataler noch ist die Bewertung, die die Zuhörer unbewußt vornehmen, wenn der Sprecher eine schlechte Aussprache hat. Es heißt dann etwa: Diese Person ist sich ihrer Sache nicht sicher, sie weiß anscheinend nicht genau, ob das, was sie sagt, tatsächlich stimmt. Sie ist unsicher.

Eine undeutliche Aussprache hat Auswirkungen sowohl auf die Inhalts- als auch auf die Beziehungsebene eines Gesprächs.

Die Inhaltsebene beinhaltet Sachinformation, die

beim Gespräch übermittelt werden soll, etwa Termine, wer welche Unterlagen erhält, welches Formular mit welchen Inhalten ergänzt werden muß, Lieferzeiten usw. Bei schlechter Aussprache kann es zu folgenschweren Mißverständnissen kommen, wenn statt der gemeinten, aber leider genuschelten «vierzig Tage Lieferzeit» beim Zuhörer nur «vierzehn Tage» ankommen.

Auf der Beziehungsebene des Gesprächs führt eine mangelhafte Artikulation dazu, daß der Sprecher von den Zuhörern in seiner Person bewertet wird. Die Zuhörer müssen sich immer stärker konzentrieren, um das Gesagte zu verstehen. Das führt zu wachsender Verärgerung. Beim Zuhörer entsteht der Eindruck: «Es scheint ihm egal zu sein, ob hier jemand sitzt und zuhört. So wie er nuschelt, scheint die Sache ja auch nicht so wichtig zu sein.»

Eine gute Artikulation wirkt sicher, kompetent und überzeugend

Eine deutliche und klare Aussprache wird dagegen als Sicherheit, Kompetenz und Überzeugungskraft des Sprechers gedeutet. Das, was wichtig ist, ist deutlich zu verstehen, und aus der Art, wie gesprochen wird, ist erkennbar, daß die Person zu dem steht, was sie sagt. Wer zuhört, bewertet immer unbewußt. Nutzen Sie den Fakt, daß Ihre Stimme unbewußt bewertet wird, und artikulieren Sie deutlich.

Eine deutliche Aussprache hat überdies den großen Vorteil, daß Sie leiser sprechen können, ohne daß die Verständlichkeit Ihrer Sätze leidet. Leiser sprechen wiederum kostet weniger Energie, ermüdet Ihre Stimme nicht so schnell, und sowohl Stimme wie auch Stimmung bleiben locker.

Die Körperhaltung formt die Stimme

Der Klang und die Artikulation des Gesagten sind abhängig von der Form des gesamten Körpers bzw. des Mundraums. Beides hat uns die Natur mitgegeben. Nicht umsonst haben es Sprecher und Sänger (so z. B. Eartha Kitt oder Mick Jagger) mit einem überdurchschnittlich großen Mund leichter in ihrem Beruf. Wie diese körperlichen Gegebenheiten jedoch genutzt werden, liegt in unserer Hand. Der Kopf, das Gesicht, die Lippen, der Mund, ja der ganze Körper formen die Stimme. Damit haben Sie aber auch die Möglichkeit, etwa mit Übungen für den Mund und die Lippen Ihre Stimme zu formen und für eine gute Aussprache zu sorgen. Die Grundvoraussetzung für die Entfaltung aller Klangräume und eine gute Artikulation ist körperliche Entspanntheit. Stimmliche Einschränkungen resultieren oft aus körperlichen Verspannungen. Werden diese aufgelöst, kann sich auch die Stimme befreien. Bei «selbstbeherrschter» Körperhaltung mit hochgezogenen Schultern, steifem Rücken und an den Oberkörper gepreßten Oberarmen fehlen der Stimme Ausdruckskraft und Tragfähigkeit. Wer stolz auf sein ungerührtes «Pokerface» ist, wird schwerlich eine leichte, obertonreiche Stimme haben. Zu geringe Lippenbewegungen, ein «verkniffener Mund», schlagen sich in eingeschränkter Artikulationsfähigkeit nieder.

ÜBUNGEN
GÄHNEN

**Üben
Sie artikulieren!**

Das Gähnen ist eine der ältesten Übungen im Stimmtraining. Gähnen nimmt von Natur aus den ganzen Atem- und Stimmapparat in Anspruch. Deshalb machen Gähnübungen den Mund- und Rachenraum groß und leicht formbar.

Wichtig ist, daß Sie lernen, den Gähnreflex jederzeit bewußt auslösen zu können:

Formen Sie ein «O», wie beim Daumenlutschen, die Oberlippe ziehen Sie herunter, den Unterkiefer senken Sie.

Stellen Sie sich eine Luftkugel vor, die den gesamten Mund- und Rachenraum beim Gähnen dehnt. Stellen Sie sich Ihren Mund- und Rachenraum als großen Konzertsaal vor, als Empfangshalle, Kirchenschiff oder ...

Begleiten Sie das Gähnen mit Ihrem ganzen Körper, etwa durch Hoch- oder Seitwärtsstrecken der Arme, Bewegen der Fingerspitzen und Zehen.

Genießen Sie die Urlaute, die beim Gähnen frei werden.

KUSSMUND UND BREITMAULFROSCH
Mit der folgenden Übung können Sie gut den Tag beginnen:

Stellen Sie sich bequem vor den Spiegel.

Stülpen Sie dann die geschlossenen Lippen zu einem spitzen «Kußmund» vor. Stellen Sie sich vor, daß Ihre Lippen dabei länger werden.

Danach formen Sie den Mund zu einem «Breitmaul-frosch-Mund». Stellen Sie sich nun vor, daß Ihre Lippen sich bis zu den Ohren dehnen.

Wiederholen Sie diese Übung mindestens fünfmal.

JAAAA

Mit dieser Übung können Sie Ihre Artikulation verbessern und gleichzeitig den Tag positiv beginnen:

Stellen Sie sich bequem vor den Spiegel.

Sagen Sie zu sich im Spiegel «Jaaaa!», und öffnen Sie Ihren Mund dabei so weit, wie Sie können. Lächeln Sie sich mit den Augen zu.

Klopfen Sie dann mit den Fingerspitzen leicht Ihre Wangen (praktisch ist es, dabei gleich eine Creme einzumassieren).

Wiederholen Sie die Übung.

Versuchen Sie sich den Rest des Tages beim Sprechen daran zu erinnern, wie weit Sie Ihren Mund öffnen können.

6.3. Sind Sie zu hören?
Stimmenergie und Lautstärke

Brüllt ein Mann, ist er dynamisch.
Brüllt eine Frau, ist sie hysterisch.
HILDEGARD KNEF

Jedes Gespräch wird durch die Lautstärke beeinflußt, in der die Gesprächsteilnehmer miteinander reden. Es gibt keine allgemein optimale, sondern nur eine situationsangemessene Lautstärke, die sich nach der Größe des Raumes, der Menge der Zuhörer, nach dem Thema und den Beziehungen der Gesprächspartner untereinander richtet. Zu lautes und zu leises Sprechen führen gleichermaßen zu Verunsicherung oder Verärgerung des Zuhörers. Besonders wichtig ist die richtige Lautstärke im Geschäftsleben auch am Telefon, sonst ist das Gesagte schlecht zu verstehen und führt zu Mißverständnissen. Bei zu lauter Stimme hält der Zuhörer den Hörer weit vom Ohr weg, möglicherweise verpaßt er so eine entscheidende Information.

Stimme und Lautstärke

Manche Menschen verfügen generell über eine laute Stimme, wobei die Beurteilung, was genau nun laut oder leise ist, immer von den Zuhörern abhängt. Zu laut können Stimmen aber auch bei Verärgerung oder großem Engagement werden. Ebenso verändert das Umfeld die Bewertung einer lauten Stimme. Bei einer Sportveranstaltung oder bei einem Blueskonzert fällt eine laute Stimme gar nicht auf, und wenn doch, wird die Lautstärke eher als Ausdruck der Begeisterung beurteilt. Im Berufsleben kann eine laute Stimme autoritär, aggressiv, aufdringlich, robust, derb oder unbeherrscht wirken. Sensible oder schlicht leisere Gesprächspartner lassen sich durch eine laute Stimme einschüchtern, wenn sie einen Angriff dahinter vermuten. Selbstsichere angriffslustige Gesprächspartner werden durch eine laute Stimme provoziert – beim Zuhörer sinkt dann die Aufmerksamkeit, Ungeduld und Nervosität machen sich breit, und der Sprecher wird unwillkürlich abgelehnt.

Wer zu leise spricht, bei dem vermuten die Zuhörer Unsicherheit. Im Schnitt sprechen Frauen leiser als **Sprechen Sie nicht** Männer und wirken dadurch eher unsicher, ge- **zu leise!** hemmt, wenig überzeugend und wenig engagiert. Mit allen Konsequenzen im Berufsleben – oder würden Sie einer Mitarbeiterin, die zu leise spricht, eine wichtige Kundenpräsentation anvertrauen?

Sich Gehör zu verschaffen hat mit einer deutlichen Aussprache und einer gut hörbaren Stimme zu tun. Lautstärke ist dabei nur ein Mittel. Eine kräftige, volltönende, energiereiche und nicht zu laute Stimme wird meist als vital oder dominant beurteilt. Wenn Frauen kräftig und gut hörbar sprechen, verschaffen sie sich Gehör und machen auf sich und die Dinge, die ihnen wichtig sind, aufmerksam. Möglicherweise stehen sie mit ihrer energiereichen Stimme dann allerdings im Mittelpunkt. Gerade das ist es, was manche Frauen daran hindert, lauter zu sprechen.
Die Stimme ist trainierbar. Mehr Volumen und Energie in der Stimme können erlernt und geübt werden – wenn es überhaupt in das eigene Selbstbild und zum Selbstbewußtsein paßt, gehört zu werden.

ÜBUNGEN

LACHEN

Lachen ist gesund. Das gilt sowohl für die Psyche als auch für die Zwerchfellmuskulatur. Bei kräftigem Lachen trainieren Sie automatisch auch das Zwerchfell. Vielleicht taten Ihnen schon einmal vor Lachen die Seiten weh? Dann hatte Ihr Zwerchfellmuskel einen Muskelkater. Denken Sie deshalb bei der Lachübung daran: Lieber regelmäßig üben und nicht überanstrengen!

Lautstärke-Übungen

Mit dem Konsonanten «h» öffnen Sie den Mund. Die folgenden Vokale kräftigen Ihre Zwerchfellmuskulatur. Eine gut trainierte Zwerchfellmuskulatur ist die Basis für eine energiereiche, voluminöse und gut hörbare Stimme.

Legen Sie die Hände seitlich unter die unteren Rippenbögen,

lachen Sie übertrieben kurz:

ha, ha, ha, ha, ha, ha, ha, ha, ha, ha, ha, ha, ha, ha, ha
he, he, he, he, he, he, he, he, he, he, he, he, he, he, he
hi, hi, hi, hi, hi, hi, hi, hi, hi, hi, hi, hi, hi, hi, hi, hi, hi
ho, ho, ho, ho, ho, ho, ho, ho, ho, ho, ho, ho, ho, ho
hu, hu, hu, hu, hu, hu, hu, hu, hu, hu, hu, hu, hu, hu

RAUMFÜLLE

Stellen Sie sich in die Mitte eines Raumes mit leicht geöffneten Beinen bequem hin. Sorgen Sie dafür, daß Sie bei dieser Übung nicht gestört werden.

Sprechen Sie den Satz:
    «Ich bin hier»,
und stellen Sie sich vor, daß Ihre Stimme aus Ihrem Mund in einem Bogen ca. einen halben Meter vor Ihre Füße fällt.

Nun sprechen Sie den Satz:
    «Ich bin hier»,
und stellen Sie sich vor, daß Ihre Stimme mit diesem Satz den gesamten Raum ausfüllt. Ihre Stimme erfüllt – wie farbiges Licht oder Sonnenstrahlen – den gesamten Raum.

Vergleichen Sie die beiden unterschiedlichen Situationen, und stellen Sie fest, was sich verändert.

Jetzt sprechen Sie den Satz:
    «Ich bin hier»
noch einmal raumfüllend und halten dabei Ihre Hände muschelartig hinter die Ohren.

Wiederholen Sie das einige Male, bis Sie ein Gefühl dafür bekommen, wie sich Ihre Stimme raumfüllend anhört.

Jeder Vokal hat eine andere Klangwirkung.
Mit folgenden Sätzen können Sie die Ausdruckskraft der verschiedenen Vokale üben:

a: Achtung, ich bin nah da.
e: Herz! Sende Melodie der Decke entgegen.
i: Innig klingend bin ich hier.
o: Lobender Ton wogt offen empor.
u: Mutiger Mund und lustvoll rufend.

NEIN

Stellen Sie sich bequem vor einen Spiegel, in dem Sie sich gut sehen können. Sorgen Sie auch bei dieser Übung dafür, daß Sie nicht gestört werden.

Entspannen Sie nun alle Muskeln in Ihrem Körper, pendeln Sie hin und her. Lassen Sie Ihre Arme und Finger ganz locker hin und her schwingen.

Sagen Sie nun zu Ihrem Spiegelbild NEIN, und versuchen Sie, dabei entspannt zu bleiben. Nehmen Sie den Klang und die Lautstärke bei diesem NEIN bewußt wahr.

Nun stellen Sie sich vor den Spiegel, bequem, aber mit einer gewissen Grundspannung, etwa wie eine Katze vor dem Sprung. Winkeln Sie einen Arm etwas an, und stellen Sie sich vor, Sie schöben mit Ihrer Hand eine schwere Glaswand ca. 10 cm weit zum Spiegel hin.

Sagen Sie laut und deutlich NEIN, während Ihre Hand die schwere Glaswand zum Spiegel hinschiebt.

Wiederholen Sie diese Übung fünfmal, und achten Sie auf den unterschiedlichen Klang Ihrer Stimme.

STOP

Für diese Übung benötigen Sie einen Partner. Stellen Sie sich mit leicht geöffneten Beinen bequem einander gegenüber.

Strecken Sie den rechten Arm aus, machen Sie eine Faust, und spreizen Sie den Daumen ab. Mit der

Daumenspitze berühren Sie das Brustbein Ihres Gegenübers.

Sprechen Sie jetzt den Satz: «Stop – ich rate dir gut», und stellen Sie sich dabei vor, daß Ihre Stimme dort endet, wo Ihre Daumenspitze endet. Die Daumenspitze ist also die äußerste Begrenzung Ihrer selbst.

Nun treten Sie einen Schritt zurück und stellen sich vor, daß aus Ihrer Faust ein Stab wächst, wie ein verlängerter Arm, der wieder das Brustbein Ihres Partners berührt.

Nun sprechen Sie den Satz: «Stop – ich rate dir gut» und stellen sich dabei vor, daß Ihre Stimmenergie bis zu seinem Brustbein fließt. Fragen Sie Ihren Partner, ob Ihre Stimme noch «spürbar» ist.

Gehen Sie dann Schritt für Schritt zurück, und testen Sie mit diesem Satz, wie weit Sie Ihre Stimmenergie bewußt ausdehnen können. Lassen Sie sich dabei von Ihrem Partner Rückmeldung geben, wie weit das Stop in Ihrer Stimme fühlbar bleibt.

7. Atmung

Die Basis der Stimme und des körperlichen Wohlbefindens

«*Ich lernte, mich so unbekümmert in die Atmung zu verlieren, daß ich zuweilen das Gefühl hatte, nicht selbst zu atmen, sondern, so seltsam dies auch klingen mag, geatmet zu werden.*»
ZEN IN DER KUNST DES BOGENSCHIESSENS

Atmung, Stimme und Stimmung

Die kleinste Veränderung beim Atmen wirkt sich unweigerlich auf unsere Stimme aus. Wenn wir am Telefon gefragt werden: «Wo habe ich Sie denn hergeholt?», dann kann es der Anrufer unserer Stimme bereits anhören, daß wir zum Telefon gerannt sind. Atmen ist eine biologische Funktion, die unwillkürlich abläuft, aber willkürlich beeinflußt werden kann.

Der Hauptatemmuskel – unser Zwerchfell – kann wie jeder andere Muskel trainiert werden. Da das Lungenvolumen im Laufe eines Lebens etwa durch Streß abnimmt, ist gerade das richtige und bewußte Atmen wichtig für das Wohlbefinden, für die richtige «Stimmung». Ein untrainiertes Zwerchfell führt dazu, daß bei langem und lautem Reden der Hals- und Kehlkopfbereich überstrapaziert werden. Die Folge: Man wird schnell heiser.

Es ist ein Mißverständnis, daß die Stimme nur mit dem Kehlkopf erzeugt wird. Redewendungen wie «Sie hat Gold in der Kehle» haben zur Verbreitung dieser fehlerhaften Annahme geführt. Der eigentliche Klang wird mit Unterstützung des Zwerchfells aus dem Luftstrom der Lungen im Gaumen, in der Mund- und Nasenhöhle, mit Zunge und Lippen geformt. Das Mitschwingen der Luft in den Hohlräumen des Körpers bei bestimmten Frequenzen wird als Resonanz bezeichnet.

Gespannte Aufmerksamkeit fördert das Luftholen (meist mit geöffnetem Mund und hochgezogenen Schultern), so daß viele Menschen vor dem Sprechen zuviel Luft einatmen. Untersuchungen haben gezeigt, daß Luftholen vor dem Sprechbeginn nicht nur unökonomisch, sondern auch belastend ist. Außerdem führen zu lange Textpassagen oder der falsche Ehrgeiz, in einem Atemzug zu viele Dinge erwähnen zu wollen, ganz sicher zu Atemnot. Die Luft geht aus, die Gesichtsfarbe bekommt einen rötlichen Schimmer, und im schlimmsten Fall treten die Halsvenen und Augäpfel hervor. Unter Atemnot kann aber nicht korrekt artikuliert werden. Die Endsilben leiden dann am meisten, sie klingen undeutlich, kraftlos oder werden gleich ganz verschluckt.

Die richtige Dosis Atemluft

Stimmtraining ist deshalb zuallererst Atemtraining. Atmen besteht aus Muskeltätigkeit einerseits und der psychischen Konstitution andererseits. Unser Atem ist der Träger der Lebensenergie, der Energie für unsere Stimme. Um eine energiereiche, volltönende Stimme zu bekommen, ist es entscheidend, daß die vorhandene Luft optimal in Schwingung gebracht wird.

Je ruhiger und entspannter man sich fühlt und ist, desto leichter kann der Atem fließen und die vorhandene Luft schwingen. Allgemeine körperliche Ent-

spannung und Lockerung sind deshalb die Basis
für entspanntes Atmen und damit für eine volltönende Stimme. Es gibt viele Möglichkeiten, sich zu
entspannen, etwa Massagen, Wasseranwendungen,
Yoga, Meditation oder Autogenes Training. Eine andere Möglichkeit ist die progressive Muskelrelaxa-
tion, eine Methode, bei der zunächst ganz bewußt
Muskeln angespannt werden. Die Spannung wird jeweils ein paar Sekunden (maximal zehn Sekunden)
gehalten, um danach wieder ganz bewußt losgelassen
zu werden. Die Phasen der Entspannung sollten
mindestens doppelt so lange dauern wie die der An-
spannung. Mit etwas Übung «erinnern» sich die
Muskeln sehr schnell daran, wie entspannt sie sein
können. Die bewußte Entspannung einzelner Muskelgruppen führt zu einer Gesamtentspannung, die
die Stimmung aufhellt und gut gegen Streß ist.

ÜBUNGEN
PROGRESSIVE MUSKELRELAXATION
(Entspannungstechnik nach Jacobson)

Für diese Übung sollten Sie sich am Anfang mindestens 20 Minuten Zeit nehmen. Eine gute Gelegenheit ist die Zeit vor dem Einschlafen.
Um sich vor einer wichtigen Situation wie einer An-
sprache gezielt entspannen zu können, benötigen Sie
vorab einige Übungsrunden. Später genügt oft schon
ein kurzes Anspannen einer ganz bestimmten Mus-
kelgruppe, um Streß abzubauen.
Lesen Sie sich den folgenden Text zunächst durch,
oder nehmen Sie ihn auf Tonband auf, dann können
Sie die Frequenz von An- und Entspannen ganz indi-

**Entspannungs-
übungen**

viduell variieren. Schön ist auch, wenn Sie eine ruhige und entspannende Musik nebenbei laufen lassen. Jetzt geht es los:

Machen Sie es sich so bequem, wie Sie es gerne haben. Schließen Sie allmählich die Augen, und hor-
chen Sie einen Augenblick in sich hinein. Nehmen
Sie wahr, wie Sie liegen oder sitzen, und fühlen Sie
Ihren Atem. Vielleicht spüren Sie auch Ihren Puls
oder andere Geräusche oder Gefühle, auf die Sie
sonst nie geachtet haben. Beobachten Sie, wie Sie dabei immer mehr zur Ruhe kommen, wie Sie zu Ihrer
Mitte finden.

Ballen Sie nun Ihre rechte Hand zu einer Faust, und
spannen Sie sie fest an. Versuchen Sie zu spüren, wie
die Spannung wächst und wie sich der Druck über
den Unter- und Oberarm bis in die Schulter fort-
pflanzt und schließlich ganz intensiv wird. Jetzt entspannen Sie Ihre Hand. Fühlen Sie, wie Ihre Hand
sich öffnet und entspannt. Und während Ihre Hand
und Ihr Arm sich entspannen, spüren Sie vielleicht
eine angenehme Wärme. Genießen Sie das Gefühl
der Ruhe.
Wiederholen Sie diese Übung mehrmals. Nun ballen
Sie Ihre linke Hand zu einer Faust, und spannen Sie
sie fest an. Spüren Sie, wie die Spannung in Ihrem
Unter- und Oberarm bis in Ihre Schulter steigt und
immer noch wächst, während Sie ruhig und gleichmäßig atmen. Und jetzt entspannen Sie sich wieder.
Spüren Sie, wie auch diese Hand sich öffnet und sich
entspannt. Während Ihre Hand und Ihr Arm sich
entspannen, spüren Sie vielleicht wieder diese angenehme Wärme. Wiederholen Sie dann diese Bewe-

gungen für sich. Ballen Sie jetzt Ihre Hände zu Fäusten, und verstärken Sie diese Spannung wieder, bis sie über Ihre Unterarme und Oberarme in Ihre Schultern steigt und immer intensiver wird. Nun entspannen Sie sich, lassen Sie einfach los, und spüren Sie, wie alle Anspannung von Ihnen weicht und Sie tief und gleichmäßig atmen.

Weitere Muskelgruppen, die Sie entspannen können, sind:
Schultern, Kopf-, Hals- und Gesichtsmuskulatur, besonders Mund und Augen, Rumpf, Hüfte und Po und die Beine. Auch dort jeweils anspannen, die Entspannung genießen und dabei immer ruhig ein- und ausatmen.

Wandern Sie zum Abschluß in Gedanken durch Ihren Körper, und spüren Sie ihn dabei.

Nun spüren Sie noch einen Moment nach, wie ruhig und entspannt Sie sich fühlen und wie angenehm dieses Gefühl sein kann. Ganz allmählich beginnen Sie, sich ein bißchen zu räkeln, zu strecken, und kommen schließlich mit einer Bewegung wieder ganz in Ihren Raum zurück.

«ZEHENSPITZENATMUNG»
Legen Sie sich mit dem Rücken auf den Boden oder auf eine Unterlage. Auch bei dieser Übung ist die Zeit vor dem Einschlafen und die Zeit nach dem Aufwachen günstig.

 Atmen Sie durch die Nase ein. Dabei wölbt sich der Bauch nach außen.

Stellen Sie sich vor, daß Sie beim Einatmen durch die Nase den Atem bis hinunter zu den Füßen fließen lassen.

Achten Sie darauf, daß der Atem mit jedem Atemzug tiefer wird.

Stellen Sie sich dabei vor, daß sich das Becken beim Einatmen «öffnet».

ZWERCHFELLDRÜCKEN

Legen Sie sich mit dem Rücken auf den Boden oder eine Unterlage.

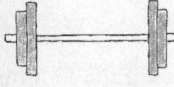 Legen Sie einen mittelschweren Gegenstand (Steine oder Briefbeschwerer sind besonders gut geeignet) auf den Bauch in Höhe des Zwerchfells.

Atmen Sie durch die Nase tief in den Bauch ein, und drücken Sie dabei das Gewicht hoch.

Beim Ausatmen durch den Mund geht der Bauch zurück, und das Gewicht ist wieder zu spüren.

Diese Übung eignet sich gut, um sie jeden Tag vor dem Aufstehen oder Einschlafen zu wiederholen.

«DAMPFLOK»

Diese Übung macht Ihrem Atem und damit Ihrer Stimme «Dampf».

Stellen Sie sich bequem, mit leicht geöffneten Beinen, hin.

 Atmen Sie durch den Mund ein und wie eine «Dampflok» auf «f» aus. Das «f» sollte wie ein Dampfstoß kurz, kräftig und präzise kommen. Denken Sie an ein Ventil, das Sie nur kurz öffnen, um den Druck entweichen zu lassen.

Beginnen Sie langsam, und atmen Sie dann immer schneller stoßweise auf «f» aus. Wiederholen Sie die Übung maximal fünfzehnmal.
Zum Schluß lassen Sie noch dreimal langsam auf «f» den Dampf entweichen.

Die Schultern bleiben während der gesamten Übung locker und entspannt, eine Hand bleibt auf dem Bauch zur Kontrolle, daß sich der Bauch beim Einatmen ausdehnt und nicht etwa der Brustkorb.

Im Atemholen sind zweierlei Gnaden:
Die Luft einziehen, sich ihrer entladen,
Jenes bedrängt, dieses erfrischt,
So wunderbar ist das Leben gemischt.
Du danke Gott, wenn er dich preßt,
Und dank ihm, wenn er dich wieder entläßt.

GOETHE

8. Ausblick und Ausklang

«*Dummheit ist nicht den Frauen vorbehalten
und Intelligenz kein Privileg der Männer.*»
SOR JUANA INES DE LA CRUZ (1651–1695)

Frauen reden anders – und das ist gut so. Es ist nur
wichtig, die unterschiedlichen Sprechstile und Gesprächsrituale von Frauen und Männern als gleichwertig anzusehen. Die Realität sieht allerdings noch
immer anders aus. Meist muß eine Frau im Berufsleben doppelt soviel leisten, um es ähnlich weit zu
bringen wie ein vergleichbarer männlicher Konkur-
rent.

Wenn Sie nun beim Durchlesen festgestellt haben
«Das kann ich nicht», dann fügen Sie das Wörtchen
«noch» in Ihren Gedankengang ein. «Das kann ich
noch nicht» ist die beste Basis, um das zu erreichen,
was Sie sich vorgenommen haben. Denn wenn Sie
nur täten, was Sie bereits können, wo läge dann Ihr
Ziel. Sprache und Stimme ändern sich nicht von
selbst, aber Sie können für sich festlegen, was Sie erreichen wollen.

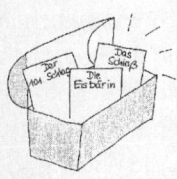

Um langfristige Ziele erreichen zu können, brauchen
wir Zwischenstationen, an denen wir uns selbst Mut
zusprechen und die bisherigen Erfolge – und seien
diese im Vergleich zum Gesamtziel auch noch so
klein – würdigen können. Bis dahin benötigen Sie
natürlich auch eine «Wegzehrung». Dieser Proviant
kann, je nach Geschmack, aus vielen Zutaten beste-
hen. Dazu gehören handfeste Dinge wie Terminplaner, Analysen oder Artikulationsübungen. Eine ganz

andere nahrhafte Beigabe zum Proviant sind Geschichten. Sie werden seit Menschengedenken zur Inspiration und Vermittlung wichtiger Inhalte erzählt. Aller guten Dinge sind drei – deshalb gebe ich Ihnen hier drei Geschichten mit auf den Weg, von denen jede ihren Teil zur Verpflegung beiträgt, damit Sie Ihr Ziel sicher erreichen.

Die erste Geschichte handelt von unsichtbaren Grenzen und dem Wissen, daß Sie Sie selbst bleiben und sich doch ändern können.

Der Eisbär
Es war einmal ein Zoo. Alle Tiere waren in engen Käfigen eingesperrt. Ein alter Zoo – wie im letzten Jahrhundert. Eines Tages übernahm eine neue, junge Zoodirektorin die Leitung des Zoos. Sie war voll guten Willens und Bewunderung für alle Tiere. Bereits am ersten Tag, bei einem Rundgang durch ihren Zoo, sah sie den Eisbär in seinem fünf mal vier Meter großen Käfig. Das Tier lief mit ungebrochener Kraft immer hin und her, in rhythmischer Gleichmäßigkeit. Bei jeder Wendung grollte es dröhnend, furchterregend schön. Die Zoodirektorin hatte Mitleid. Diese prächtige Vitalität, eingesperrt auf zwanzig Quadratmetern! Also beschloß sie, ein großes Freigehege zu bauen. Das Geld war nach anfänglichen Schwierigkeiten bald aufgebracht, und die Bauarbeiten konnten beginnen. Dann kam endlich der monatelang herbeigesehnte Tag. Die lokalen Politiker aller Parteien ließen es sich nicht nehmen, die Wichtigkeit des Ereignisses durch ihre Anwesenheit zu unterstreichen. Ebenso die Bischöfe beider großer Konfessionen. Die Journalisten der Lokalblätter und sogar

zweier überregionaler Blätter warteten mit ihren Fotografen auf sensationelle Bilder. Dann endlich der große Augenblick: Der Tierarzt des Zoos nahm ein Gewehr und schoß dem Eisbär eine Ampulle mit Betäubungsmittel in den Pelz. Nach einer halben Minute schlief der Eisbär fest. Die Bauarbeiter hatten genügend Zeit, die Gitterstäbe des alten Käfigs auszubauen und wegzutragen. Der Eisbär lag im Freien. Alle warteten darauf, daß er aufwachen, aufspringen und das Gelände in Besitz nehmen würde. Der Bär wachte auf. Reckte sich. Brüllte dröhnend, so daß jeder erschrak. Alle hielten gespannt ihre Hände zum Klatschen bereit. Doch der Bär erhob sich und nahm seinen Trott wieder auf: hin fünf Meter, Wendung, zurück fünf Meter. Auf und ab. In rhythmischer Gleichmäßigkeit. Bei jeder Wendung ein dröhnendes Grollen. Furchterregend schön.

Die nächste Geschichte erzählt von Mut und dem Vertrauen auf die eigene Stärke.

Das Schloß

Eine Königin stellte für einen wichtigen Posten ihren Hofstaat auf die Probe. Viele standen um sie herum, als sie sprach: «Ich habe ein Problem, und ich möchte sehen, wer von euch in der Lage ist, dieses Problem zu lösen.» Sie führte die Anwesenden zu einem riesengroßen Türschloß, so groß, wie es keiner je gesehen hatte. Die Königin erklärte: «Hier seht ihr das größte und schwerste Schloß, das es in meinem Reich je gab. Wer von euch ist in der Lage, das Schloß zu öffnen?» Ein Teil der Hofdamen und Höflinge schüttelte nur verneinend den Kopf. Einige, die zu den Weisen zählten, schauten sich das Schloß näher an, gaben aber zu, sie könnten es nicht schaffen. Auch der Rest des Hofstaats war sich darüber einig, dieses Problem sei zu schwer, als daß sie es lösen könnten. Nur eine Hofdame trat noch einmal an das Schloß heran. Sie nahm es in die Hand, versuchte, es auf die verschiedensten Weisen zu bewegen und zog schließlich mit einem Ruck daran. Und siehe, das Schloß öffnete sich. Es war nur angelehnt gewesen, nicht ganz zugeschnappt, und es bedurfte nichts weiter als des Mutes und der Bereitschaft, beherzt zu handeln. Die Königin sprach: «Du wirst die Stelle am Hof erhalten, denn du verläßt dich nicht nur auf das, was du siehst oder was du hörst, sondern wagst eine Probe.»

Die letzte Geschichte handelt vom Nutzen, den Ausdauer und Geduld bringen.

Der einhundertundeinte Schlag

Ein berühmter Weiser wurde einmal gefragt, warum er trotz großer Hindernisse seine Pläne nicht aufgebe. «Habt ihr schon einmal einen Steinmetzen bei der Arbeit beobachtet?» fragte er. Als die Anwesenden verneinten, fuhr der Meister fort: «Er schlägt vielleicht hundertmal auf die gleiche Stelle, ohne daß auch nur der kleinste Riß sichtbar würde. Aber dann, beim einhundertundeinten Schlag, springt der Stein plötzlich entzwei. Es ist jedoch nicht dieser eine Schlag, der den Erfolg bringt, sondern die hundert, die ihm vorhergingen.»

Für Vorträge zum Thema «Frauen reden anders» und für das Stimmtraining «Voice energy» wenden Sie sich bitte an die Autorin:

Margit Hertlein
Fax: 0 91 41 – 7 48 47

9. Tips zum Weiterlesen

Zum Thema Sprache

Assig, Dorothea (Hrsg.): *Zielgruppe Frauen.* Frankfurt 1993.

Grabrucker, Marianne: *Typisch Mädchen ...* Frankfurt 1994.

Gruen, Arno: *Der Wahnsinn der Normalität.* München 1996.

Hervé, Florence, Steinmann, Elly, Wurms, Renate (Hrsg.): *Das Weiberlexikon.* München 1995.

Holmes, Janet: «Sex Differences and Apologies: One Aspect of Communicative Competence», *Applied Linguistics* 10: 2/1989. S. 194–213.

Klann, Ursula: *Weibliche Sprache – Identität, Sprache und Kommunikation von Frauen.* Osnabrück 1978.

Kuhn, Annette (Hrsg.): *Die Chronik der Frauen.* Dortmund 1992.

Mehrabian, Albert: *Silent Messages.* N. O., 1971.

Nutt, Paul: «Einsame Entscheidungen sind oft ineffektiv», *Psychologie heute,* 2/1999.

Oppermann, Katrin; Weber, Erika: *Frauensprache – Männersprache.* Zürich 1995.

Peitz, Christiane: *Marilyns starke Schwestern. Frauen im Gegenwartskino.* Hamburg 1995.

Pusch, Luise: *Das Deutsche als Männersprache – Diagnose und Therapievorschläge.* Linguistische Berichte 1980.

Rubner, Jeanne: *Was Frauen und Männer so im Kopf haben.* München 1996.

Schleich, Barbara: *Journalistensprache – Sprache der Herrschenden.* Vorgänge 32, 1978.

Schloff, Laurie; Yudkin, Marcia: *Er sagt, sie sagt.* München 1996.

Schramm, Hilde (Hrsg.): *Frauensprache – Männersprache.*
Frankfurt 1994.

Schwarzer, Ursula: *Arbeit schützt vor Armut nicht.* München 1993.

Tausch, Reinhard: «Jemanden zum Reden haben», *Psychologie heute,* 1/1998.

Tannen, Deborah: *Du kannst mich einfach nicht verstehen.*
Warum Männer und Frauen aneinander vorbeireden.
München 1998.

Tannen, Deborah: *Das hab' ich nicht gesagt! Kommunikationsprobleme im Alltag.* München 1998.

Tannen, Deborah: *Job-Talk. Wie Frauen und Männer am*
Arbeitsplatz miteinander reden. München 1997.

Tannen, Deborah: *Andere Worte, andere Welten. Kommunikation zwischen Frauen und Männern.* Frankfurt 1997.

Tanner, Nancy M.: *Der Anteil der Frau an der Entstehung*
des Menschen. München 1997.

Tröml-Plötz, Senta: *Frauensprache: Sprache der Veränderung.* Frankfurt 1994.

Tröml-Plötz, Senta: *Sprache, Geschlecht und Macht.*
Linguistische Berichte 69, 1980.

Tröml-Plötz, Senta (Hrsg.): *Gewalt durch Sprache. Die*
Vergewaltigung von Frauen in Gesprächen. Frankfurt
1997.

Zum Thema Stimme

Adamek, Karl: *Die Stimme. Quelle der Selbstheilung.*
Freiburg 1989.

Bandler, Richard: *Der feine Unterschied. NLP-Übungsbuch*
zu den Submodalitäten. Paderborn 1990.

Berendt, Joachim Ernst: *Das dritte Ohr.* Reinbek 1992.

Coblenzer, Muhar: *Atem und Stimme – Anleitung zum*
guten Sprechen. Wien 1995.

Cardas, Elena: *Atmen – Lebenskraft befreien.* München o. J.

Eckert, Hartwig/Laver, John: *Menschen und ihre Stimmen. Aspekte der vokalen Kommunikation.* Weinheim
1994.

Fischer, Jens Malte: *Große Stimmen, von Enrico Caruso bis Jesseye Norman.* Stuttgart 1993.

Goethe, J. W.: *Regeln für Schauspieler,* Jubiläumsausgabe, Band 36. Stuttgart–Berlin 1987.

Grinder, Michael: *Platform Skills. Die Kunst öffentlichen Redens,* 1995.

Gundermann, Horst: *Phänomen Stimme.* München 1994.

Habermann, Günther: *Stimme und Sprache.* Stuttgart 1986.

Habermann, Günther: *Stimme und Mensch.* Heidelberg 1996.

Haefliger, Ernst: *Die Singstimme.* Mainz 1993.

Hamman, Claudia: *Stimme – Mehr Ausdruck und Persönlichkeit.* München 1997.

Herrigel, Eugen: *Zen in der Kunst des Bogenschießens.* München 1983.

Hertlein, Margit: *Mind Mapping – Die kreative Arbeitstechnik. Spielerisch lernen und organisieren.* Reinbek 1997.

Der kleine Hey: *Die Kunst des Sprechens.* Mainz 1997.

Hümmer, Monika: *Wechselbeziehungen von Atmung, Stimme und Gesundheit.* Eichstätt 1996.

Kesting, Jürgen: *Die großen Sänger des 20. Jahrhunderts.* München 1998.

Köpp, Gisela: *Leben mit Stimme – Stimme mit Leben. Die Atem- und Stimmkunst der Clara Schlaffhorst und Hedwig Andersen.* Kassel 1995.

Miethe, Erhard / Hermann-Röttgen, Marion: *Wenn die Stimme nicht stimmt.* Stuttgart 1993.

Nollmeyer, Olaf: *Die eigene Stimme entfalten.* München 1998.

Romberg, Johanna: «Die Stimme», *Geo* 12 / 1998.

Romeo, Alavi Kia: *Stimme – Spiegel meines Selbst.* Braunschweig 1994.

Schafer, R. Murray: *... wenn Wörter klingen.* Wien 1972.

Schwarzer, Gudrun: *Entwicklung der Melodiewahrneh-mung.* Analytische und holistische Prozesse, 1993.

Senge, Peter M.: *Das Fieldbook zur Fünften Disziplin.* Stuttgart 1990.

Stengel, Ingeburg; Strauch, Theo: *Stimme und Person.* Stuttgart 1999.

Tembrock, Günter: *Akustische Kommunikation bei Säuge-tieren.* Darmstadt 1996.

Tomatis, Alfred: *Der Klang des Lebens.* Reinbek 1990.

Weikl, Bernd. *Vom Singen und von anderen Dingen.* Wien 1998.

Weitere Informationen in der **Rowohlt Revue**, kostenlos im Buchhandel, oder im **Internet: www.rowohlt.de**